Kraheck-Brägelmann/Pahlke • Betreuungskonzepte für die Polizei

Betreuungskonzepte für die Polizei

Streß – Alltag – Sucht:
Hilfen für die Helfer

von

Sibylle Krakeck-Brägelmann, Dr. phil.,
Diplompsychologin

und

Christoph Pahlke, Dr. med.,
Polizeiarzt

VERLAG DEUTSCHE POLIZEILITERATUR
GMBH

Die Deutsche Bibliothek – CIP-Einheitsaufnahme

Kraheck-Brägelmann, Sibylle:
Betreuungskonzepte für die Polizei : Streß - Alltag - Sucht: Hilfen für die Helfer / von Sibylle Kraheck-Brägelmann und Christoph Pahlke. - Hilden/Rhld. : Verl. Dt. Polizeiliteratur, 1997
(VDP-Fachbuch)
ISBN 3-8011-0366-8

Der Inhalt dieses Werkes
wurde auf chlorfrei gebleichtem
Papier gedruckt

© VERLAG DEUTSCHE POLIZEILITERATUR GMBH, Hilden/Rhld., 1997
Alle Rechte vorbehalten
Satz: VDP, Hilden
Druck und Bindung: Theissen Druck GmbH, Monheim/Rhld.
Printed in Germany
ISBN 3-8011-0366-8

Inhaltsverzeichnis

Vorwort 7
1   Einleitung 11
2   Begriffsverwirrungen – Begriffsbestimmungen 12
2.1   Streß 12
2.2   Trauma 15
2.3   Belastung 17
2.4   Support 19
2.5   Posttraumatische Belastungsstörung 20
2.6   Burnout 30
2.6.1   Der Burnout-Prozeß 30
2.6.2   Vermeidung von Burnout 33
3   **Belastungen in polizeilichen Alltagssituationen** 38
3.1   Umgang mit Unfallopfern 38
3.2   Umgang mit Fremden 45
3.3   Umgang mit Opfern von Alltagskriminalität 48
3.4   Arbeitssituation Verkehrskontrolle 51
3.5   Arbeitsbereich polizeiliche Prävention 52
4   **Belastungen in ausgewählten Arbeitsbereichen** 56
4.1   Sexualstraftaten 57
4.1.1   Umgang mit Kindern als Opfer 57
4.1.2   Umgang mit erwachsenen Opfern 62
4.2   Todesermittlungen 66
4.2.1   Überbringen einer Todesnachricht 66
4.2.2   Der plötzliche Kindstod 69
4.2.3   Arbeit an Leichen 72
5   **Belastungen in besonderen Einsatzlagen** 74
5.1   Schußwaffengebrauch und extreme Gewalttaten 74
5.2   Angehörigenbetreuung bei Entführungslagen 84
6   **Besondere Belastungen von Polizeibeamtinnen als Angehörige einer Minorität in der Polizei** 86
7   **Suchtprobleme** 92
7.1   Begriffsbestimmungen 92
7.2   Alkohol 94
7.3   Medikamente 108
7.4   Pathologisches Glücksspiel 109
7.5   Eßstörungen 111
Literatur 114
Stichwortverzeichnis 117

Vorwort

„Ein Indianer kennt keinen Schmerz." Das mit diesem Motto gekennzeichnete Profil von Stärke und Selbstdisziplin gehört bis in die jüngste Vergangenheit zu den Grundanforderungen männlicher Erziehung und Sozialisation. Es ist kein Wunder, daß derartige Eigenschaften dort zum Prinzip werden, wo Männer und ein überkommenes Männlichkeitsideal das Bild prägen, also auch – immer noch – bei der Polizei. Die mit der Wahrnehmung des polizeilichen Auftrages verbundene Notwendigkeit, erforderlichenfalls das staatliche Gewaltmonopol durchzusetzen, tut ein übriges, professionelles Auftreten zu befördern, das von Mut, Stärke und manchmal auch Härte gekennzeichnet ist.

Mit einem solchen Ich-Ideal geht fast zwangsläufig die Unterdrückung von Gefühlen einher. Unzulänglichkeit, Verletzbarkeit und Angst dürfen nicht gezeigt werden. In vielen Einsatzsituationen ist das Verbergen von Gefühlen nicht nur psychologisch sinnvoll, sondern als Voraussetzung für das eigene Überleben und das anderer Menschen notwendig. Zu denken wäre hier beispielsweise an Befreiungsaktionen bei Geiselnahmen. Aber nicht nur spektakuläre Ereignisse erfordern konsequentes, mitunter auch hartes Vorgehen. Zwei seien genannt.

In bestimmten Situationen garantiert einzig die zügige Festnahme von gewalttätigen Störern, auch mit dem Einsatz von Zwangsmitteln, der friedlichen Mehrheit die Wahrnehmung ihres Demonstrationsrechtes.

Bei jeder Beschuldigtenvernehmung begibt sich der Polizeibeamte stellvertretend für den Staat, aber auch wenigstens teilweise für den Geschädigten, in eine Konfrontation mit dem Tatverdächtigen, die es für den Beamten durchzustehen gilt.

Ein ausgeprägtes Maß an innerer und äußerer Stärke ist also für die polizeiliche Aufgabenwahrnehmung genauso notwendig wie für den Erhalt der psychischen Gesundheit des Polizeibeamten.

Man muß sich allerdings die Frage stellen, wie und durch wen das Maß an innerer und äußerer Stärke zu bestimmen ist und was mit den Phänomenen geschieht, die sich wie bei jedem Menschen hinter seiner Professionalität verbergen können. Polizeibeamte sind immer auch Bestandteil der Gesellschaft, Menschen mit Gefühlen, Sorgen und ihrem individuellen sozialen, familiären und lebensgeschichtlichen Hintergrund. Bezogen auf die vorgenannten Fallbeispiele drängen sich daher Fragen auf.

Wieweit hilft dem Polizeibeamten, der einen Geiselnehmer erschossen hat, das Wissen, daß er mit seinem Tun den polizeilichen Auftrag erfüllt und das bedrohte Leben der Geiseln gerettet hat? Hilft es ihm überhaupt? Was geschieht, wenn er Zweifel äußert, über eigene Schuldwahrnehmung spricht? Wie reagieren Kollegen und Vorgesetzte, wenn er seine Betroffenheit äußert und einen Ansprechpartner sucht? Kann er den Wunsch danach äußern, ohne befürchten zu müssen, sich um seine Karrierechancen zu bringen, da er vielleicht zu „weich" für seinen Beruf sein könnte? Was geschieht innerlich mit einem Polizeibeamten, der bei Demonstrationseinsätzen das Gefühl hat, „auf der falschen Seite" zu stehen? Ist es möglich, für die Dauer des Einsatzes persönliche Einstellungen mit der Privatkleidung an die Seite zu legen?

Auch im leichteren Falle eines persönlich überzeugten Einsatzes gegen bestimmte Menschen(-gruppen) muß er häufig Beschimpfungen und Beleidigungen bis hin zu tätlichen Angriffen aushalten, gilt es doch das Ziel der Deeskalation zu verfolgen. Wie weit reicht die Selbstwahrnehmung als bloßer Funktionsträger?

Wie bringt der Vernehmungsbeamte seine Aufgabe, den Beschuldigten zu einer Aussage, zu einem Geständnis zu bewegen, in Einklang mit seinem Wissen, daß gerade dieser Tatverdächtige Opfer seiner Umstände, seiner sozialen Verhältnisse oder seiner Abhängigkeit ist?

Wieviel Stärke und wieviel Härte darf die Gesellschaft von ihren Polizeibeamtinnen und -beamten verlangen? Stärke bedeutet in bestimmten Situationen auch immer Fassade und Maske, hinter die sich das Individuum zurückziehen kann. Andererseits: Wieviel Fassade gesteht die Gesellschaft ihrer Polizei zu? Transparenz und Sensibilität, Bürgernähe ist angesagt, insbesondere dann, wenn Polizeibeamte mit Opfern von Straftaten umgehen. Der Vorwurf, daß polizeiliche Maßnahmen nach dem eigentlichen Tatgeschehen dem Opfer Schaden zufügen, steht im Raum. Die Gefahr der „sekundären Viktimisierung" prangert berechtigt Defizite an und erfordert zurecht eine einfühlsame und sensible Behandlung von Kriminalitätsopfern durch die Polizei.

Innerhalb und außerhalb der Polizei hat offensichtlich ein Bewußtseinswandel stattgefunden. Es werden aktuell gerade die polizeilichen Aufgabenstellungen betont, die sich auf den Umgang mit Opfern von Straftaten richten. Darüber hinaus werden Initiativen sichtbar, die Straftaten verhindern und Bürgern die Erfahrung der Opferrolle auf diesem Wege ersparen sollen. In Nordrhein-Westfalen hat das bereits seinen Niederschlag in den mit der Neuorganisation der Polizei eingerichteten Präventionskommissariaten gefunden. In diesen Dienststellen werden neben technischen erstmals verhaltensorientierte Präventionsmaßnahmen organisatorisch gebündelt und fortentwickelt.

Parallel dazu findet in der Polizei der Abschied vom eingangs skizzierten „Männertugend-Ideal" statt. Mit dem (Selbst-)Anspruch nach mehr Sensibilität im Umgang mit bestimmten Bevölkerungsgruppen korrespondiert die berechtigte Erwartung, daß auch innerhalb der Polizei psychische Problemsituationen angesprochen werden. Damit verknüpft sich die Forderung nach konkreter Hilfestellung für betroffene Beamte und nach Maßnahmen, die geeignet sind, psychische Problemlagen möglichst gar nicht erst entstehen zu lassen oder ihnen so früh wie möglich angemessen zu begegnen.

Vorwort

So wie sich der Blickwinkel auf den Bürger als tatsächliches oder potentielles Kriminalitätsopfer erweitert, gerät auch der Polizeibeamte selbst als mitunter hilfs- und unterstützungsbedürftiger Mensch mehr und mehr in den Blick.

Wie überfällig eine solche umfassende Betrachtung offensichtlich war, wird deutlich an der aktuellen Flut einschlägiger Beiträge sowie der Übertragung des Opferbegriffs auf den Polizeibeamten (Buchmann 1995). Der Opferbegriff unterliegt hier allerdings der Gefahr, zu einer catch-all-Kategorie zu verkommen. Neben der inhaltlichen Unfaßbarkeit, die der vorgeschlagene Begriffsumfang impliziert, bietet er Nahrung für eine mitunter feststellbare Tendenz, ein überkommenes „Härte-bis-zum-Zerbrechen"-Ideal durch eine modernistische Larmoyance zu ersetzen, vor der jeder persönlich und beruflich gut integrierte Polizeibeamte sich dem Vorwurf der Unsensibilität aussetzt.

Vielmehr muß es darum gehen, verschiedene Interventions- und Unterstützungsnotwendigkeiten für ganz bestimmte polizeiliche Handlungsfelder zu beschreiben und entsprechende Maßnahmen umzusetzen.

Diese Erwartung stellt allein schon deswegen eine Herausforderung dar, weil auf wenig Traditionelles zurückgegriffen werden kann. Dies wurde den Autoren schon bei der Schwierigkeit, einen Titel für den hier darzustellenden Inhalt zu finden, bewußt. Die Entscheidung für den Begriff „Betreuung" stellt schließlich nicht mehr als einen Kompromiß dar und bedarf der Erläuterung.

Der vorliegende Band versteht sich als Orientierungshilfe für einzelne Polizeibeamte als mögliche Nutzer bereits vorhandener Unterstützungsangebote innerhalb und außerhalb der Organisation.

Zunächst sollen für den Polizeiberuf bzw. für bestimmte polizeiliche Aufgabenbereiche typische Belastungsfaktoren mit den sich daraus ergebenden psychologischen Konsequenzen für den betroffenen Polizeibeamten beschrieben werden. Darüber hinaus werden Möglichkeiten zur Reduzierung bzw. Vermeidung möglicher resultierender psychischer oder psychosomatischer Reaktionen diskutiert.

Es wird zum einen darum gehen, exemplarisch Vorgehensweisen und Hilfsangebote, die bereits etabliert sind, zu beschreiben. Zum anderen versteht sich dieser Beitrag als Anregung für den Leser, vor dem Hintergrund eines geweckten oder vertieften Problembewußtseins eigene Visionen zur (Selbst-)Hilfe zu entwickeln und in die Berufswirklichkeit hineinzutragen. Diese durchaus auch prospektiv gemeinte Blickrichtung des Buches verdeutlicht die Einstellung der Autoren, daß der eingeleitete Wandeln im Selbstbewußtsein der Polizei wesentlich sein wird für einen Wandel in der Polizeikultur insgesamt und sich als ein weit in die Zukunft weisender Prozeß gestalten wird.

Belastungen stellen sich sehr unterschiedlich dar und erfordern entsprechend spezifische Bewältigungsstrategien in Abhängigkeit von den sehr unterschiedlichen polizeilichen Aufgaben. Deshalb soll die Thematik im Kontext bestimmter Problem- und Handlungsfelder dargestellt werden, in denen Polizeibeamte agieren. Dies kann nur exemplarisch geschehen, sowohl im Hinblick auf die Vielfalt polizeilicher Handlungsfelder als auch unter dem Aspekt der Differenziertheit und Vielgestaltigkeit, die jedem Handlungsfeld zukommen.

Überblicksweise sollen fachliche Hintergründe der zu besprechenden Handlungsfelder sowie spezifische Verhaltensnotwendigkeiten dargestellt werden. In diesem Sinne versteht sich der vorliegende Band auch als direkte Hilfestellung. Die Autoren sind der Überzeugung, daß eine zunehmende Professionalisierung polizeilicher Arbeit, garantiert durch eine in manchen Bereichen noch zu intensivierende Aus- und Fortbildung, eine wichtige Voraussetzung für die Reduzierung und Bewältigung beruflicher Belastungen darstellt.

Der Ansatz des Buches, Belastungsfaktoren und Möglichkeiten zu deren Reduzierung für bestimmte Arbeitsbereiche zu beschreiben, machten gelegentlich den Rekurs auf konkrete Organisationsstrukturen notwendig. Dies geschah überwiegend unter Bezugnahme auf Nordrhein-Westfalen, da die Autoren als Diplompsychologin bzw. als Arzt in Einrichtungen der Polizei dieses Bundeslandes beschäftigt sind.

Auf eine konsequente Umsetzung der Begrifflichkeit „Polizeibeamtinnen und -beamte" wurde aus Gründen der besseren Lesbarkeit verzichtet.

1 Einleitung

Der vorliegende Band thematisiert die **körperlichen und seelischen Auswirkungen**, die berufliche Belastungen für den Betroffenen haben können, sowie Möglichkeiten zu deren Reduzierung. Aus wissenschaftlicher Sicht rückt damit das Phänomen Streß in den Blickpunkt, das somit den Ausgangspunkt der Erörterungen darstellen wird. Die Begriffe PTSD und Burnout kennzeichnen unterscheidbare Gruppen von Auswirkungen des Streßgeschehens. Diese lassen sich anhand der Kriterien Intensität und Langfristigkeit der Belastungen voneinander abgrenzen. Diese Unterscheidung ist keineswegs eine rein akademische, sondern von erheblicher praktischer Bedeutung bei der Suche nach geeigneten Möglichkeiten zur Streßreduzierung. Deswegen werden die sich dahinter verbergenden Phänomene beschrieben. Wie bereits dargestellt, umfaßt der vorliegende Beitrag nicht nur die Perspektive polizeilicher Belastungen, sondern beabsichtigt ebenso, Belastungen zu thematisieren, denen diejenigen Personen ausgesetzt sind, mit denen Polizeibeamte beruflich in Kontakt stehen, d.h. beispielsweise die Kriminalitätsopfer. Unter diesem Blickwinkel wird es darum gehen zu zeigen, welche Möglichkeiten der Polizeibeamte zur Verfügung hat bzw. sich eröffnen sollte, Folgeschäden für die Betroffenen zu vermeiden oder zu verringern. Es wird zu zeigen sein, daß diese Aspekte in engem Zusammenhang stehen. So wird der extrem belastete Polizeibeamte kaum in der Lage sein, entlastende und helfende Funktionen für sein Gegenüber zu übernehmen. Umgekehrt liegt es auf der Hand, daß der Umgang mit an Leib und Seele zum Teil extrem geschädigten Menschen auf Dauer die eigene Streßtoleranz erheblich herabsetzt und geeignete Strategien erforderlich sind, um die eigene Gesundheit zu erhalten.

2 Begriffsverwirrungen – Begriffsbestimmungen

2.1 Streß

„*Es ist unglaublich, welchem Terminstreß heutzutage bereits Kindergartenkinder ausgesetzt sind.*" „*Peter hat ziemlichen Streß mit den Alten.*" „*Martina hat mal wieder Beziehungsstreß.*" „*Kein Wunder, daß Jochen krank ist. Das ist der Streß nach den Prüfungen.*" „*Frau Müller steckt im Gegensatz zu Frau Meier den ganzen Streß im Büro erstaunlich gut weg.*" „*Seit seiner Pensionierung steht Herr Kruse regelrecht im Rentnerstreß.*" Bemerkungen wie diese gehören zu unserem täglichen Sprachgebrauch und scheinen die Allgegenwärtigkeit des Phänomens Streß als lebensbegleitenden Tribut der modernen Leistungsgesellschaft zu spiegeln. Tun sie dies wirklich? Was genau wird damit zum Ausdruck gebracht? Und von wem? Mit welcher Absicht?

Allen Äußerungen ist gemeinsam, daß sie bestimmte Faktoren benennen (Prüfungen, Arbeitsbedingungen, Partner, Eltern, Termine), die Belastungen für die betroffenen Personen darstellen. Jochen, Martina und Peter erleben ihre Lebenssituationen vermutlich tatsächlich als belastend und können die Faktoren benennen, die dafür verantwortlich sind. Prüfungen, Partner, Eltern werden als Stressoren ausgemacht. Jochen ist nach seinen Prüfungen krank geworden. „*Das ist der Streß.*" Hier werden die Auswirkungen der Belastungssituation Prüfung als Streß bezeichnet, während in den Fällen von Peter und Martina die Auslöser selbst, also die Stressoren als Streß bezeichnet werden. Wie sieht dies im Falle von Frau Müller und Frau Meier aus? „*Der ganze Streß im Büro*" ist ein Ausdruck, der sich ebenfalls auf die Stressoren bezieht. Es handelt sich offenbar um bestimmte Bedingungen (Arbeitsumfang, Arbeitsanforderungen, Ärger mit Vorgesetzten, Mitarbeitern und Kollegen etc.). Die Reaktionen der beiden Kolleginnen fallen jedoch unterschiedlich aus, so daß der Schluß gezogen wird, daß „*Frau Müller den Streß besser wegsteckt*". Hat sie also am Ende gar keinen Streß? Die zitierten Alltagsaussagen über das Streßgeschehen bilden drei verschiedene Begriffsverwendungen ab. Danach werden zum einen bestimmte Stressoren, zum anderen bestimmte psychosomatische Reaktionsformen gekennzeichnet. Nach einer dritten und für die psychologische und Lebenspraxis praktikableren Auffassung bezeichnet Streß ein **interaktionistisches Geschehen**. Das heißt, im Brennpunkt der Betrachtung stehen diejenigen Mechanismen, über die ein Mensch verfügt oder die er beim Umgang mit äußeren Einflußgrößen und bei der Herausbildung von Reaktionen entwickelt. In diesem Verständnis wird deutlich, daß die Bezeichnung Stressor bereits die subjektive Wertung äußerer Einflußfaktoren darstellt. Anders gesagt, Frau Müller verarbeitet die sie umgebenden Arbeitsbedingungen so, daß sie diese gar nicht als Stressoren empfindet und/oder entsprechende Reaktionen ausbleiben. Sie „hat" keinen Streß. Vom Alltagsbeispiel abstrahiert bedeutet dies, daß die Streßschwellen verschiedener Menschen (d. h. interindividuell) unterschiedlich sind und von bestimmten Bedingungen der Person abhängen. Wesentlich dabei sind Bedingungen der gesamten

Arbeits- und Lebenssituation, persönliche Einstellungen und Bewältigungsstrategien sowie nicht zuletzt die körperliche Verfassung eines Menschen. Das wiederum bedeutet, daß auch der einzelne keine statische Streßschwelle besitzt, sondern diese ebenfalls variiert. Das läßt sich an der Alltagserfahrung nachvollziehen, daß bestimmte Reize – beispielsweise der zum hundertsten Male wiederholte Witz im Kollegenkreis „je nach Tagesform", d. h. nach situativer Streßtoleranz, entweder „einfach überhört wird" oder „bereits den ganzen Tag vermiesen kann".

Die zitierten Ausgangsbeispiele machen deutlich, daß der *Begriff Streß* trotz oder gerade wegen seiner Vielschichtigkeit zum täglichen Floskelrepertoire gehört und zum **unscharfen Modewort** verkommen ist. Er wird benutzt, Ärger, diffusen Unmut oder gar das Gefühl der Lästigkeit auszudrücken und gleichzeitig Schuld zuzuweisen. „**Streß mit den Alten**" bedeutet, daß diese die Verursacher unangenehmer Empfindungen darstellen. Oder soll damit ausgesagt werden, daß Peter einer Auseinandersetzung nicht gewachsen ist oder nicht über eine adäquates Maß an Frustrationstoleranz verfügt? Aus seiner Perspektive wohl eher nicht. Dieser Skandalisierungscharakter des Begriffs wird noch deutlicher an der Äußerung über den „Terminstreß von Kindergartenkindern heutzutage". Diese hat einen eindeutig negativen Beigeschmack und impliziert den Vorwurf gegenüber den Eltern, ihre Kinder zu hohen Anforderungen auszusetzen. Die dahinterstehende Realität kann genau so aussehen. Ebensogut ist hier jedoch denkbar, daß den Kindern eine Fülle von Möglichkeiten geboten wird, sich sportlich, musikalisch etc. zu betätigen oder sich schlicht mit anderen Kindern zu verabreden. Das heißt letztlich, daß den Kindern „heutzutage" ein Maß an Aufmerksamkeit, Förderung und Bedeutsamkeit zukommt, das der Zitatsprecher möglicherweise selbst aufzubringen nicht bereit ist. Die meist halb spaßig, halb ernst gemeinte Floskel vom Rentnerstreß ist ebenso kritisch zu hinterfragen. Hiermit werden selten Großmütter belegt, die in Fortsetzung ihres Lebens in mittleren Jahren klaglos und selbstverständlich Angehörige pflegen oder Enkelkinder beaufsichtigen, um die Autonomie der mittleren Generation zu garantieren. Gemeint sind vielmehr diejenigen, die nach dem Ausscheiden aus dem Berufsleben ihr Leben (prall) gefüllt haben mit selbst gewählten Verpflichtungen und daran in aller Regel auch Spaß haben. „Streß" (im Sinne diffusen Unmuts) erzeugen diese Menschen höchstens für die, denen sie nicht (mehr) selbstverständlich zur Verfügung stehen.

Die sprachliche Verwirrung um den Streßbegriff steht gerade im beruflichen Bereich in Zusammenhang mit folgendem Paradoxon: Da hohe Belastbarkeit als wesentliches Qualifikationskriterium gilt, gehört der Verweis auf beruflichen Streß (im Sinne einer großen Fülle von Belastungsfaktoren oder Stressoren) zum guten Ton. Er wird zur Visitenkarte der eigenen Qualifiziertheit. Diesen Anforderungen nicht gewachsen zu sein, also Streß (im Sinne eigener Reaktionen) zu empfinden, muß andererseits möglichst verschwiegen werden. Dies führt in vielen Fällen zur gnadenlosen Selbstüberforderung. Ein genau umgekehrtes – und natürlich sehr viel geschickteres – Vorgehen läßt sich ebenfalls beobachten, nämlich ein verbales

Aufbauschen der eigenen Arbeitsanforderungen, vor dessen Hintergrund die tatsächlichen Arbeitsergebnisse dann als überdurchschnittlich erscheinen. Es bleibt somit eine zentrale Aufgabe der Managementebene eines Organisationssystems, Arbeitsbelastungen der Mitarbeiter gerecht einzuschätzen und entsprechende Unterstützung anzubieten. Da das System Polizei wie alle anderen an materielle Ressourcen gebundene Systeme Betreuungs- und Unterstützungsmöglichkeiten für die Mitarbeiter nur in einem gewissen Umfang zur Verfügung stellen kann und dies entsprechend dem Grad der Dringlichkeit für bestimmte Gruppen unterschiedlich tun wird, wird die Tatsache, zu einer „betreuten Gruppe" zu gehören, bereits selbst wieder zum Ausdruck der eigenen Bedeutsamkeit und/oder Qualifiziertheit. Damit ist die Gefahr verbunden, daß das Formulieren von „Betreuungsbedarf" zum prestigeträchtigen Selbstläufer verkommt und daß Betreuung vorwiegend kleinen Einheiten angeboten wird, für die sich Aufwand und Kosten am ehesten überschauen lassen.

Wie gezeigt wurde, wird der Begriff Streß nicht einheitlich gebraucht. Als Arbeitshypothese soll hier Streß im Sinne eines **interaktionistischen Geschehens** verstanden werden (Lazarus 1966; Lazarus und Launier 1978). Das bedeutet, daß verschiedene Reize auf ein Individuum einwirken, die je nach den individuellen Interpretationen als **Stressoren** bewertet werden und die entsprechend der dem Individuum zur Verfügung stehenden Copingmechanismen (=Bewältigungsmechanismen) bestimmte meßbare psycho-physiologische Reaktionen hervorrufen. Streß wird hier also als ein Geschehen aufgefaßt, das von inter- und intraindividuell unterschiedlichen Verarbeitungsmechanismen gesteuert und definiert wird. Eine solche, in der Wissenschaft aktuell vorherrschende Betrachtung des Streßgeschehens als subjektiver Prozeß bietet die Möglichkeit, Interventionsmöglichkeiten ebenfalls differenziert und auf einzelne Individuen und Gruppen bezogen zu diskutieren. Die Notwendigkeit einer solchen Betrachtung läßt sich am Beispiel „Verkehrskontrolle" verdeutlichen. POM Schmitz und PK Schulte versehen ihren Dienst in unterschiedlichen Schutzbereichen. Beide führen an einem bestimmten Tag X Verkehrskontrollen durch und beide zeigen am Ende des Dienstes ähnliche Streßreaktionen (Sie sind mißmutig, schwitzen stark, fühlen sich übermäßig müde, machen aggressive Bemerkungen gegenüber den Verkehrsteilnehmern). Was läge also näher, als nach streßauslösenden Faktoren von allgemeiner Gültigkeit zu suchen, die die Situation „Verkehrskontrolle" offenbar beinhaltet? Ein genaueres Hinsehen käme jedoch hier zu dem Ergebnis, daß völlig unterschiedliche Bedingungen, die nicht einmal in der Situation selbst zu suchen sind, die beschriebenen Reaktionen hervorgerufen haben. So mag es beispielsweise sein, daß POM Schmitz sich in der Situation überfordert fühlte, da er die gesetzlichen Vorschriften seines Auftrags noch nicht ausreichend beherrschte. PK Schulte hingegen, der Verkehrskontrollen unter bestimmten Voraussetzungen als Beitrag zum Schutz vor rücksichtslosen Verkehrsteilnehmern betrachtet, fühlt sich genervt, weil er den seiner Meinung nach unsinnigen Auftrag erhielt, Kontrollen an einer Stelle durchzuführen, an der erwartungsgemäß

Geschwindigkeiten überschritten werden, ohne daß damit eine für ihn erkennbar ernsthafte Gefährdung verbunden wäre. Die Geschwindigkeitsbegrenzung auf einem Schulweg dagegen wird seit Wochen nicht überprüft. Es entsteht bei ihm der Eindruck, daß es hier lediglich um das „Einfahren von Bußgeldern" gehe. Es wird erkennbar, daß hier völlig unterschiedliche Voraussetzungen zu verändern wären, um die Streßreaktionen der beiden Polizeibeamten zu reduzieren. Im Falle des POM Schmitz wäre es erforderlich, daß dieser sein eigenes Lernverhalten ändert oder aber die Bedingungen der Ausbildung zu überprüfen wären, PK Schulte hingegen wird letztlich nur dann streßfrei und zufrieden seinen Dienst versehen können, wenn sich das Führungs- und Kommunikationsverhalten seines Vorgesetzten ändert.

Das vorangestellte Beispiel soll noch ein weiteres deutlich machen: Die Definition des Streßgeschehens als subjektiver Prozeß soll keinesfalls mißverstanden werden als Aufruf, die „Ursachen" von Streßreaktionen letztlich im Individuum zu suchen, das, „hätte es bessere Bewältigungsstrategien, eben auch keinen Streß hätte". Die Absurdität eines solchen Definitionsmißbrauchs wird besonders deutlich bei der Betrachtung von Reizen, die aufgrund ihrer Intensität von jedem Menschen als Stressoren aufgefaßt werden und annähernd gleiche Reaktionen auslösen. Zu denken wäre hier etwa an extreme Temperaturen, lebensbedrohliche Situationen wie Brandkatastrophen, Bedrohungen mit Schußwaffen etc. oder etwa Folter. Gerade die Folter stellt ein Beispiel dafür dar, daß nicht nur extrem starke Reize, sondern ebenfalls der völlige Reizentzug Streßreaktionen auslösen.

Die Subjektivität des Streßgeschehens erhält eine weitere Einschränkung durch die Tatsache, daß die physiologischen Reaktionen auf bestimmte Reize vegetativ gesteuert werden und nur zum geringen Teil der willentlichen Kontrolle unterliegen. Sie sind als Teil eines angeborenen Verhaltensrepertoires zu sehen, das den Organismus im Falle einer Bedrohung in allgemeine Aktivität versetzt, um Flucht- bzw. Angriffsreaktionen zu ermöglichen.

2.2 Trauma

Die menschliche Erfahrung von Tod, Leid, eigener Verwundbarkeit und Ohnmacht ist so alt wie die Menschheitsgeschichte. Seelisches Leid bei Opfern oder Zeugen von Gewalt und tödlicher Bedrohung ist neben der körperlichen Verletzung oder auch allein ein häufiges Phänomen, das das Leben der Betroffenen nachhaltig beeinflussen kann. Die Beschreibung dieser Lebensrealität läßt sich in der Weltliteratur wesentlich weiter zurückverfolgen als in den Veröffentlichungen der wissenschaftlichen Literatur.

Die ursprüngliche Bedeutung des Begriffes „Trauma" meint lediglich Verletzung, ohne sich einer Differenzierung zwischen körperlicher oder seelischer Verletzung zu unterziehen. Bis zum Ende des vergangenen Jahrhunderts wurde in der medizinischen Literatur der Begriff nur im Zusammenhang mit körperlichen Verletzungen verwendet.

Erstmals wurde im Jahr 1889 durch den Neurologen Oppenheim der Begriff „Trauma" in die Neuropsychiatrie eingeführt. Oppenheim nahm als Ursache für „traumatische Neurosen" mikrostrukturelle Hirnveränderungen an (Oppenheim 1889). Später wurden solche organischen Sichtweisen zunehmend verlassen. Freud sprach von einer traumatischen Situation dann, wenn von außen Erregungen auf das Ich einstürmen, die „das Reizschild durchbrechen" und das Ich in seiner bisherigen Adaptation stören (Freud 1927). Das Individuum kehre zu einem früheren Adaptationsmechanismus, nämlich dem zwanghaften Wiedererleben, zurück. Andere psychoanalytische Modelle seelischer Veränderungen nach einem traumatischen Erlebnis sprechen von der Aktualisierung frühkindlicher Triebkonflikte. Immerhin wurde aus dieser Sicht die Möglichkeit einer psychischen Krankheit nach einem Trauma bejaht. Das Trauma wurde aber noch nicht als alleinige und ausreichende Ursache für eine seelische Störung angesehen, sondern frühkindliche Konflikte seien entscheidend für die Reaktion des Erwachsenen.

Erst nach dem Zweiten Weltkrieg wurde das traumatische Ereignis, das Ursache für psychische Störungen ist, weiter differenziert. Hier werden Definitionsansätze deutlich, die eine objektiv schwere Katastrophe, ein Ereignis außerhalb der üblichen menschlichen Erfahrung, als alleinige Ursache für nachfolgende seelische Veränderungen ansehen, die bei nahezu jedem Menschen auftreten könnten. Damit wurde dem Individuum eine notwendige Beteiligung an dem Entstehen einer seelischen Traumatisierung durch Persönlichkeitsdisposition oder vorbestehende psychische Störungen abgesprochen. Traumatisierungen konnten über jeden hereinbrechen, aus voller Gesundheit und ohne Schuld. Die Bedingung, nur ein besonderes Ereignis außerhalb der üblichen menschlichen Erfahrung komme als Trauma in Betracht, wurde erst in den letzten Jahren verlassen, da deutlich geworden ist, daß auch alltägliche Ereignisse, wie z.B. Verkehrsunfälle, traumatisierend wirken können.

Die aktuelle Definition eines traumatischen Ereignisses findet sich im „Diagnostischen und Statistischen Manual Psychischer Störungen" (DSM IV 1996) und beschreibt die Voraussetzung für das Auftreten posttraumatischer Störungen der seelischen Gesundheit. Es handelt sich dabei um die Konfrontation eines Individuums mit einem oder mehreren Ereignissen, die „den tatsächlichen oder drohenden Tod oder ernsthafte Verletzung oder eine Gefahr der körperlichen Unversehrtheit der eigenen Person oder anderer Personen" beinhalten und mit „intensiver Furcht, Hilflosigkeit oder Entsetzen" verbunden sind.

Diese Definition wird in den nachfolgenden Kapiteln zugrunde gelegt.

Angehöriger bestimmter Berufe haben ein erhöhtes Risiko, traumatische Ereignisse zu erleben. Dazu gehört zweifellos auch die Polizei.

2.3 Belastung

Eine seelische Belastung kann Folge eines Traumas sein. Eine Ursache einer Belastung ist damit in einem akuten, meist genau abgrenzbarem, traumatischen Ereignis, das bei nahezu jedem belastend wirken würde, zu finden. Neben der akuten Belastung durch ein isoliertes psychisches Trauma ist aber auch ein Belastungsprozeß möglich, der durch unterschiedliche Einzelereignisse hervorgerufen wird, die allein keine nachhaltige Beeinträchtigung des seelischen Wohlbefindens darstellen. Diese Ereignisse sind häufig auch außerhalb der beruflichen Situation angesiedelt. Chronische Belastungen können durch ungünstige Lebensumstände ausgelöst werden, wie beispielsweise wirtschaftliche Not, beengte Wohnverhältnisse oder ungünstige Arbeitsbedingungen. Schon geringfügige alltägliche Belastungen können relevante Beanspruchungen darstellen, wenn sie das Individuum lange Zeit betreffen oder als besonders störend eingeordnet werden. Wichtige Lebensereignisse stellen oft erhebliche Belastungsmomente dar. Ob und wieweit ein Ereignis als belastend empfunden wird, hängt wesentlich von der individuellen Bewertung des Menschen ab. Vorhandene Bewältigungsmechanismen können die Beanspruchung durch eine Belastung deutlich verringern.

Zahlreiche Untersuchungen haben versucht, die Belastungen zu quantifizieren. Das Ergebnis einer Untersuchung aus dem Jahr 1967 (Holmes und Rahe 1967) soll nachfolgend (S. 18) kurz vorgestellt werden. Die Untersuchung stellt eine Rangfolge belastender Lebensumstände dar, die teilweise als einzelnes Trauma oder als belastender Prozeß erlebt werden.

Rangfolge belastender Lebensumstände

Rang / Ereignis

1. Tod des Ehegatten
2. Scheidung
3. Trennung ohne Scheidung
4. Gefängnisstrafe
5. Tod eines nahen Familienmitgliedes
6. Verletzung oder Krankheit
7. Hochzeit
8. Entlassenwerden
9. Wiederversöhnung nach Ehestreit
10. Pensionierung
11. Erkrankung eines Familienmitgliedes
12. Schwangerschaft
13. Sexuelle Schwierigkeiten
14. Vergrößerung der Familie
15. Berufliche Veränderungen
16. Veränderungen im finanziellen Bereich
17. Tod eines nahen Freundes
18. Wechsel an einen Arbeitsplatz mit ungewohnter Tätigkeit
19. Veränderungen in der Anzahl der Auseinandersetzungen mit dem Ehepartner
20. Aufnahme einer Hypothek über 10000 Dollar
21. Verfallen einer Hypothek oder eines Darlehns
22. Veränderungen in den beruflichen Aufgaben

Rang / Ereignis

23. Schwierigkeiten mit Verwandten des Ehepartners
24. Außergewöhnliche persönliche Leistung
25. Ehefrau fängt mit Arbeit an oder hört mit ihr auf
26. Veränderung in den Lebensumständen
27. Aufgabe persönlicher Gewohnheiten
28. Schwierigkeiten mit dem Chef
29. Veränderung von Arbeitszeiten oder -bedingungen
30. Umzug
31. Schulwechsel
32. Veränderungen im Freizeitbereich
33. Veränderungen in den kirchlichen Aktivitäten
34. Veränderungen in den sozialen Aktivitäten
35. Aufnahme eines Darlehen unter 10000 Dollar
36. Veränderung der Schlafgewohnheiten
37. Veränderung in der Anzahl der Familienzusammenkünfte
38. Veränderung in den Eßgewohnheiten
39. Ferien
40. Weihnachten
41. Kleinere Gesetzesverstöße

Diese Liste wurde von einer großen Zahl von Probanden mit der individuellen Einschätzung der eigenen Belastung versehen. Es ergab sich daraus eine Rangfolge allgemein als belastend empfundener Ereignisse. Diese Liste ist keinesfalls vollständig. Aus ihr wird deutlich, daß Belastungen im beruflichen Bereich nie isoliert zu sehen sind, sondern immer in den Kontext der individuellen Lebensumstände gebracht werden müssen. Alltägliche Realitäten wie Ehescheidungen, finanzielle Sorgen oder Trauerfälle im Umkreis des Beamten können Auswirkungen auf den Dienst haben, genauso wie berufliche Belastungen nicht auf Dauer ohne Folgen für das Privatleben bleiben werden. Daher haben Strategien zur Belastungsverminderung im Beruf auch wichtige soziale Konsequenzen. Umgekehrt sollten Überlegungen, sich mit den außerdienstlichen Belastungen eines Beamten zu befassen, nicht schon deshalb verworfen werden, weil sie nicht im Zuständigkeitsbereich der Organisation liegen.

2.4 Support

Schon im Vorwort wurde die Schwierigkeit angesprochen, einen geeigneten Titel für diesen Band zu finden. Der Begriff „Betreuung" erscheint als geeigneter Kompromiß, gleichwohl erfaßt er nur ein Segment dessen, was notwendig ist, um psychische Traumatisierungen und Belastungen sowohl für Polizeibeamtinnen und -beamte als auch für den Bürger zu vermeiden, zu reduzieren oder zu kompensieren. Betreuung meint in anderem Zusammenhang auch „Entmündigung", etwas was für die Betreuung durch und von Polizei absolut nicht gemeint sein soll, ganz im Gegenteil: Betreuung soll Bürgern und Beamten ermöglichen, eigene Ressourcen zu mobilisieren und Selbstheilungskräfte zu aktivieren. Auch andere Begriffe wie „Krisenintervention" oder „Krisenbegleitung" treffen nicht den Kern der Sache. Eine Belastung muß nicht zwangsläufig eine Krise sein oder werden, andererseits ist die bloße Begleitung einer Krise nicht ausreichend, wenn eine Intervention erforderlich ist. Vor- und Nachbereitung eines besonderen Ereignisses werden durch den Betreuungsbegriff nicht erfaßt, dennoch gehören sie untrennbar zu einer wirksamen Strategie, um Belastungen zu reduzieren. Aus- und Fortbildung bilden die Basis für jede polizeiliche Arbeit. In ihnen liegen die Wurzeln zur Verminderung von Belastungen, weit vor einem besonderen Ereignis und nicht nur bezogen auf die Binnenorganisation der Polizei. Organisatorische Maßnahmen wie Arbeitszeitregelungen, Schichtpläne oder Personalplanung können belastend wirken oder entlasten und tragen im günstigen Fall zur Berufszufriedenheit bei. Wohlverstandene Fürsorge für erkrankte Beamtinnen und Beamte, kompetente Suchtkrankenarbeit und geeignete Rehabilitationsprogramme sind nicht nur betriebswirtschaftlich sinnvoll, sondern auch Zeichen einer positive „Unternehmenskultur".

Bürgernähe, Präventionsmaßnahmen, effiziente Strafverfolgung und angemessene Opferbetreuung sind nicht nur Bestandteile der professionellen

Wahrnehmung des gesellschaftlichen Auftrages, sondern tragen auch dazu bei, Belastungen für den Bürger zu vermindern.

Pflege einer guten Kommunikationskultur, Transparenz von Führungsentscheidungen, Beteiligung von Mitarbeitern, Übertragung von Verantwortung, nachvollziehbare Beurteilungssysteme und gerechte Beurteilungen sind neben der Aus- und Fortbildung, der Betreuung nach besonderen Ereignissen, angemessener Vor- und Nachbereitung von Einsätzen und einer auftragsgerechten und mitarbeiterfreundlichen Arbeitsorganisation Bestandteile eines kooperativen Führungsstils, der mindestens so bedeutsam ist wie das Vorhalten von Spezialisten für die individuelle Betreuung.

Ein geeigneter Begriff, der möglichst alle Facetten beruflichen Handelns innerhalb der Polizei einschließt, die sich mit der Vermeidung oder Bewältigung von Belastungen im Bereich der Polizei befassen, ist der englische Fachterminus „support". Support meint die Gesamtheit von Maßnahmen, die geeignet sind, berufliche Belastungen für Polizeibeamte zu vermeiden, zu reduzieren oder zu bewältigen, und schließt die Arbeitsfelder der Polizei ein, die im Kontakt mit dem polizeilichen Gegenüber die Notwendigkeit mit sich bringen, diesbezüglich auch eine Dienstleistung am betroffenen Bürger zu erbringen. Eine geeignete deutsche Begrifflichkeit ist nicht bekannt.

2.5 Posttraumatische Belastungsstörung

Über ernsthafte und langanhaltende seelische Störungen nach besonders belastenden, das normale Maß der menschlichen Erfahrung übersteigenden Ereignissen wird schon seit Jahrhunderten berichtet. Viel eher als in der wissenschaftlichen Literatur der Disziplinen Medizin und Psychologie wurde die Thematik allerdings in der Weltliteratur behandelt. Erste Beschreibungen und systematische Erklärungsversuche, die sich mit dem **seelischen Leid nach traumatisierenden Ereignissen** befassen, lassen sich bis in das 17. Jahrhundert zurückverfolgen. Ein Zeuge des Brandes von London im Jahr 1666 beschreibt monatelange Phasen von Schlaflosigkeit und das Unvermögen, sich gedanklich von der Feuersbrunst zu lösen. Im Jahr 1871 schildert Da Costa in einer Fallbeschreibung eines Soldaten des amerikanischen Bürgerkrieges ein psychovegetatives Syndrom, das als Folge einer besonderen psychischen Belastung durch das Kampfgeschehen aufgetreten war, ohne daß der Soldat verwundet wurde (zitiert nach: Andreasen 1985). Das Da Costa-Syndrom, auch bezeichnet als „Neurozirkulatorische Asthenie", „Effort Syndrom" oder „Soldiers Heart", findet sich auch noch heute in der medizinischen Fachliteratur und meint einen anhalten streßbedingten Zustand, der durch Angst mit ihren körperlichen Begleiterscheinungen wie Atemnot, Beschleunigung des Pulsschlages und Schwindel gekennzeichnet ist. Nach der Erdbebenkatastrophe von Tokio im Jahr 1894 beschreibt Baelz die Reaktion Betroffener als eine „vorübergehende Lähmung oder Suspendierung höherer Gefühlstätigkeiten unter dem

Einfluß eines mächtigen äußeren Eindrucks" (zitiert nach: von Baeyer, Haefner, Kisker 1964). Diese Formulierung trifft einen Teil der für eine Posttraumatische Belastungsstörung geltenden Kriterien.

Eine Bedeutungswandlung für den Begriff „Trauma" zeichnete sich ebenfalls Ende des 19. Jahrhunderts ab. Galt bis dahin ein Trauma als alleinige körperliche Verletzung, so beschreibt Oppenheim im Jahr 1899 das Trauma als Ursache für traumatische Neurosen, die sich nicht auf körperliche Verletzungen, sondern auf Veränderungen der Mikrostruktur des Gehirnes zurückführen lassen (Oppenheim 1889). Immerhin wird damit die Möglichkeit einer alleinigen psychischen Verletzung anerkannt, allerdings wird als primäre Ursache eine strukturelle Hirnveränderung angenommen und nicht die alleinige psychische Genese.

Die psychoanalytische Sichtweise von psychischen Veränderungen nach traumatischen Erlebnissen unterschied sich von der hirnorganischen Sicht. Für anhaltende seelische Reaktionen nach einem traumatischen Ereignis wurde aber nicht das Trauma allein als auslösender Faktor angesehen, sondern frühkindliche Triebkonflikte sollten das Reaktionsmuster des Erwachsenen bestimmen.

Nach dem Ersten Weltkrieg wurden erstmals in größerem Umfange psychiatrische Folgen der Kriegsbelastung beschrieben. Anhaltende psychische Reaktionen nach Kampfstreß wurden meistens als eine auf Krankheitsgewinn gerichtete Verhaltensweise interpretiert und so als Simulation gebrandmarkt.

Der wissenschaftliche Durchbruch in der Erforschung seelischer Folgen nach einer traumatischen Belastung erfolgte nach dem Zweiten Weltkrieg. Während und nach dem Zweiten Weltkrieg wurden zahlreiche Fälle von kriegsbedingten Störungen der seelischen Gesundheit untersucht, beschrieben und therapiert. Während des Zweiten Weltkrieges wurden Zehntausende von US-Soldaten wegen eines „Battle-Stress-Syndrom", also schwerer psychischer Beeinträchtigung durch die Kampfbelastung, ohne daß körperliche Verwundungen vorgelegen hätten, abgelöst und in die Heimat geschickt.

Auch in der deutschen Wehrmedizin war das Phänomen seelischer Belastungen nach Kampferfahrungen ein Problem. So war die Posttraumatische Belastungsstörung, damals noch nicht so tituliert, für die U-Boot-Waffe von erheblicher Bedeutung. Ungünstige räumliche Bedingungen an Bord, die Ungewißheit der gesunden Rückkehr, erfolglose Feindfahrten oder schwerste Verluste an Menschen und Material führten zu stärksten körperlichen und seelischen Belastungen. Gerade die Besatzungen der U-Boote waren besonders sorgfältig aus Freiwilligen rekrutiert und wiesen in der Vorgeschichte keinerlei Hinweise auf körperliche oder nervliche Erkrankungen auf. Zahlreiche Erklärungsversuche wurden angestellt und verworfen. Überlegungen über ungesunden Lebenswandel, konstitutionsabhängige Störungen oder ungesunden Bordbedingungen gaben keine verwendbare Erklärung für die psychischen Schäden der Besatzungsmitglieder. Man benannte den Krankheitskomplex als das „nervöse Syndrom" als Folge des U-Boot-Einsatzes. Weitere Untersuchungen zeigten gleiche Erscheinungen auch bei der Luftwaffe, dem Landheer und der durch zahlreiche Bombenangriffe gepeinigten Zivilbevölkerung (Hartmann 1996).

Das Buch „Men under Stress" der amerikanischen Wissenschaftler Grinker und Spiegel aus dem Jahr 1945 zählt zu den bedeutenden Werken, die sich mit den seelischen Reaktionen nach Kampferfahrungen beschäftigten (Grinker und Spiegel 1945). Die Symptome der „Gefechtsneurosen" bestanden aus einer Überaktivität des Sympathicus, Unruhe, Angst, Aggressionen, Depressionen, Alpträumen, Angsterkrankungen und krankhaftem Mißtrauen.

Spätestens seit der Untersuchung der schweren psychischen Folgen bei unzähligen Opfern des nationalsozialistischen Unrechtsregimes, die durch staatlichen Terror, Rassismus, politische Verfolgung und die unmenschliche Konzentrationslagerhaft drangsaliert wurden, ist deutlich geworden, daß Traumatisierungen auch bei seelisch Gesunden zu schwerem psychischen Leid führen können, ohne daß ein in Aussicht stehender Krankheitsgewinn als Motiv unterstellt werden könnte.

Erstmals wurde 1952 die „schwere Belastungsreaktion" zur medizinischen Diagnose und als Folge eine Traumatisierung eines vorher seelisch Gesunden anerkannt.

Die Auswirkungen des Vietnamkrieges, in dessen Folge sich bei einem erheblichen Anteil von Kriegsveteranen psychische Störungen zeigten, die durch eine Kombination von Angst, der Vermeidung von mit dem Trauma in Verbindung stehenden Reizen, einer Einschränkung von Gefühlsreaktionen und Symptome gesteigerter Erregung gekennzeichnet waren, führten zur Akzeptanz der Diagnose der Posttraumatischen Belastungsstörung. Als auslösender Faktor der PTSD (Posttraumatic Stress Disorder) wurde eine traumatische Erfahrung genannt, die „außerhalb der üblichen menschlichen Erfahrung" liegt (DSM III - R 1980). Diese Einschränkung wurde revidiert, da sie zu stark einschränkend wirkte. Psychische Reaktionen im Sinne einer PTSD nach einem Autounfall oder einem anderen „alltäglichen" Trauma waren nach dieser Definition noch ausgeschlossen.

Das neue **DSM IV** (DSM IV 1996, 487-496) unterscheidet zwischen einer **Posttraumatischen Belastungsstörung**, einer **Akuten Belastungsstörung** und einer **Akuten Belastungsreaktion**. Seelische Belastungen nach einem Trauma treten bei nahezu jedem auf und sind eine normale Reaktion auf eine abnormale Situation. Nach einer Akuten Belastungsreaktion, die durch die gleichen Symptome wie eine Akute Belastungsstörung oder eine PTSD gekennzeichnet ist, erholt man sich im Verlauf einiger Tage oder Wochen, ohne daß von einer Krankheitsdiagnose gesprochen werden müßte.

Diagnostische Kriterien für das Vorliegen einer akuten Belastungsreaktion (nach DSM IV)

A. Die Person wurde mit einem traumatischen Ereignis konfrontiert, bei dem die beiden folgenden Kriterien erfüllt waren:
1. Die Person erlebte, beobachtete oder war mit einem oder mehreren Ereignissen konfrontiert, die den tatsächlichen oder drohenden Tod oder eine ernsthafte Verletzung oder Gefahr der körperlichen Unversehrtheit der eigenen Person oder anderer Personen beinhaltete.
2. Die Reaktion der Person umfaßte intensive Furcht, Hilflosigkeit oder Entsetzen.

B. Entweder während oder nach dem extrem belastenden Ereignis zeigte die Person mindestens drei der folgenden dissoziativen Symptome:
1. subjektives Gefühl von emotionaler Taubheit, von Losgelöstsein oder Fehlen emotionaler Reaktionsfähigkeit,
2. Beeinträchtigung der bewußten Wahrnehmung der Umwelt (z. B. „wie betäubt sein"),
3. Derealisationserleben,
4. Depersonalisationserleben,
5. dissoziative Amnesie (z. B. Unfähigkeit, sich an einen wichtigen Aspekt des Traumas zu erinnern).

C. Das traumatische Ereignis wird mindestens auf eine der folgenden Arten wiedererlebt: wiederkehrende Bilder, Gedanken, Träume, Illusionen, Flashback-Episoden oder das Gefühl, das Trauma wiederzuerleben, oder starkes Leiden bei Reizen, die an das Trauma erinnern.

D. Deutliche Vermeidung von Reizen, die an das Trauma erinnern (z. B. Gedanken, Gefühle, Gespräche, Aktivitäten, Orte oder Personen).

E. Deutliche Symptome von Angst oder erhöhtem Arousal (z. B. Schlafstörungen, Reizbarkeit, Konzentrationsschwierigkeiten, Hypervigilanz, übertriebene Schreckreaktion, motorische Unruhe).

F. Die Störung verursacht in klinisch bedeutsamer Weise Leiden oder Beeinträchtigungen in sozialen, beruflichen oder anderen wichtigen Funktionsbereichen oder beeinträchtigt die Fähigkeit der Person, notwendige Aufgaben zu bewältigen, z. B. notwendige Unterstützung zu erhalten oder zwischenmenschliche Ressourcen zu erschließen, indem Familienmitgliedern über das Trauma berichtet wird.

G. Die Störung dauert mindestens zwei Tage und höchstens vier Wochen und tritt innerhalb von vier Wochen nach dem traumatischen Ereignis auf.

H. Das Störungsbild geht nicht auf die direkte körperliche Wirkung einer Substanz (Droge, Medikament) oder eines medizinischen Krankheitsfaktors zurück, wird nicht besser durch eine Kurze Psychotische Störung erklärt und beschränkt sich nicht auf die Verschlechterung einer bereits vorher bestehenden Achse I- oder Achse II-Störung (Andere klinisch relevante Störungen oder Persönlichkeitsstörungen).

Die Posttraumatische Belastungsstörung unterscheidet sich in ihrer Symptomatik nicht grundsätzlich von der Akuten Belastungsstörung. Die Symptome sind intensiver und von längerer Dauer.

Diagnostische Kriterien für das Vorliegen einer Posttraumatischen Belastungsstörung (nach DSM IV 1996)

A. Die Person wurde mit einem traumatischen Ereignis konfrontiert, bei dem die beiden folgenden Kriterien erfüllt waren:
1. Die Person erlebte, beobachtete oder war mit einem oder mehreren Ereignissen konfrontiert, die den tatsächlichen oder drohenden Tod oder eine ernsthafte Verletzung oder Gefahr der körperlichen Unversehrtheit der eigenen Person oder anderer Personen beinhaltete.
2. Die Reaktion der Person umfaßte intensive Furcht, Hilflosigkeit oder Entsetzen.

   Beachte: Bei Kindern kann sich dies durch aufgelöstes oder agiertes Verhalten äußern.

B. Das traumatische Ereignis wird beharrlich auf mindestens eine der folgenden Weisen wiedererlebt:
1. Wiederkehrende und eindringliche belastende Erinnerungen an das Ereignis, die Bilder, Gedanken oder Wahrnehmungen umfassen können.

   Beachte: Bei kleinen Kindern können Spiele auftreten, in denen wiederholt Themen oder Aspekte des Traumas ausgedrückt werden.
2. Wiederkehrende, belastende Träume von dem Ereignis.

   Beachte: Bei Kindern können stark beängstigende Träume ohne wiedererkennbaren Inhalt auftreten.
3. Handeln oder Fühlen, als ob das traumatische Ereignis wiederkehrt (beinhaltet das Gefühl, das Ereignis wiederzuerleben, Illusionen, Halluzinationen und Flashback-Episoden, ein-

schließlich solcher, die beim Aufwachen oder bei Intoxikationen auftreten.
Beachte: Bei Kindern kann eine traumaspezifische Neuinszenierung auftreten.
4. Intensive psychische Belastung bei der Konfrontation mit internalen oder externalen Hinweisreizen, die einen Aspekt des traumatischen Ereignisses symbolisieren oder an Aspekte desselben erinnern.
5. Körperliche Reaktion bei der Konfrontation mit internalen oder externalen Hinweisreizen, die einen Aspekt des traumatischen Ereignisses symbolisieren oder an Aspekte desselben erinnern.

C. Anhaltende Vermeidung von Reizen, die mit dem Trauma verbunden sind, oder eine Abflachung der allgemeinen Reagibilität (vor dem Trauma nicht vorhanden).
Mindestens drei der folgenden Symptome liegen vor:
1. bewußtes Vermeiden von Gedanken, Gefühlen oder Gesprächen, die mit dem Trauma in Verbindung stehen,
2. bewußtes Vermeiden von Aktivitäten, Orten oder Menschen, die Erinnerungen an das Trauma wachrufen,
3. Unfähigkeit, einen wichtigen Aspekt des Traumas zu erinnern,
4. deutlich vermindertes Interesse oder verminderte Teilnahme an wichtigen Aktivitäten,
5. Gefühl der Losgelöstheit oder Entfremdung von anderen,
6. eingeschränkte Bandbreite des Affekts (z. B. Unfähigkeit, zärtliche Gefühle zu empfinden),
7. Gefühl der eingeschränkten Zukunft (z. B. erwartet nicht, Karriere, Ehe, Kinder oder normal langes Leben zu haben).

D. Anhaltende Symptome erhöhten Arousals (= Wachheitsgrad) (vor dem Trauma nicht vorhanden). Mindestens zwei der folgenden Symptome liegen vor:
1. Schwierigkeiten ein- oder durchzuschlafen,
2. Reizbarkeit oder Wutausbrüche,
3. Konzentrationsschwierigkeiten,
4. übermäßige Wachsamkeit (Hypervigilanz),
5. übertriebene Schreckreaktion.

E. Das Störungsbild (Symptome unter Kriterium B, C und D) dauert länger als einen Monat.

F. Das Störungsbild verursacht in klinisch bedeutsamer Weise Leiden oder Beeinträchtigungen in sozialen, beruflichen oder anderen wichtigen Funktionsbereichen.

Begriffsverwirrungen – Begriffsbestimmungen

Fallbeispiel 1

An einem Freitagabend wird gegen 23.30 Uhr die Polizei verständigt, nachdem Scheiben gesplittert waren und Gegenstände aus dem Fenster einer Wohnung im dritten Stock eines Wohnhauses auf die Straße geworfen wurden. Eine Streifenwagenbesatzung wird zu dem Familienstreit entsandt. Bei dem Versuch, die Familie vor den wütenden Angriffen des alkoholisierten Familienvaters zu schützen, wird einer der Beamten mit einem Küchenmesser niedergestochen und lebensgefährlich verletzt. Nur durch das beherzte Eingreifen seines Kollegen überlebt der Beamte. Der Lebensretter hat schon viele dramatische Einsätze erfolgreich bewältigt. Staatsanwaltschaft, Vorgesetzte und auch der verletzte Kollege machen ihm keine Vorwürfe, ganz im Gegenteil habe er sich vorbildlich verhalten. Dennoch quält ihn ein wiederkehrender Alptraum, in dem er den messerstechenden Täter und seinen blutenden Kollegen sieht. Ein Bild, das er nicht mehr los wird. Er wird nachts mehrfach schweißgebadet wach und fühlt sich am Morgen zerschlagen. Das Bild verfolgt ihn mit wachsender Intensität. Im Dienst und in der Freizeit erscheint die Szene vor seinen Augen. Es wird immer schlimmer. Herzrasen, Schwitzen und Atemnot belasten ihn. Er zieht sich immer mehr zurück und verliert das Interesse an privaten und dienstlichen Aktivitäten. Einsätze, die ihn an den besonderen Einsatz erinnern, erfüllen den erfahrenen Beamten mit Angst. Soweit irgend möglich, vermeidet er sie. Schon bei geringsten Anlässen reagiert der sonst eher besonnene Mann aggressiv und gereizt. Selbstzweifel und Depressionen in einem nie zuvor erlebten Ausmaß führen ihn in einen mutlosen sozialen Rückzug. Er hat die Freude an seiner Arbeit und am Leben verloren.

Fallbeispiel 2

Ein Angehöriger einer Spezialeinheit schießt im Rahmen eines Einsatzes auf einen Täter, der zuvor auf ihn geschossen hatte, und verletzt ihn tödlich. Das staatsanwaltschaftliche Ermittlungsverfahren wird eingestellt, da es sich eindeutig um einen rechtmäßigen Schußwaffengebrauch gehandelt hat. Kollegen, Vorgesetzte und auch er selbst haben keine Zweifel an der Notwendigkeit und Richtigkeit seines Schußwaffeneinsatzes. Noch Wochen nach dem Einsatz schreckt der Beamte nachts aus dem Schlaf, wenn im Garten seines Hauses Zweige knacken. Jedesmal, wenn er seine Waffe in die Hand nimmt, ist er schweißnaß. Freunden und Kollegen gegenüber hat er seinen sprichwörtlichen Humor verloren. Er ist mißtrauisch und reizbar, er wird zum Einzelgänger. Auf eigenen Wunsch läßt er sich auf einen ruhigen Innendienstposten versetzen, der ihn beruflich unterfordert und auf dem er sich nicht wohl fühlt. Der junge Beamte überlegt, ob er den Beruf wechseln soll.

Fallbeispiel 3

Eine Polizeibeamtin kommt bei einer Einsatzfahrt mit dem Streifenwagen von der Fahrbahn ab. Das Fahrzeug überschlägt sich mehrfach. Beide Insassen können erst zwanzig Minuten später aus dem völlig zertrümmerten Fahrzeug durch die

Feuerwehr gerettet werden. Sie sind wie durch ein Wunder nur leicht verletzt. Noch lange nach dem Einsatz ist die junge Frau nicht in der Lage, ein Kraftfahrzeug zu führen. Sobald sie im Fahrzeug sitzt, überkommt sie ein starkes Angstgefühl, sie fühlt sich wie eingeschnürt und ringt nach Luft. Für die Fahrt zur Dienststelle benutzt sie seit dem Unfall nur noch öffentliche Verkehrsmittel, obwohl das pro Tag einen erheblichen Mehraufwand an Zeit bedeutet. Sie wird für unbestimmte Zeit auf einen Innendienstposten versetzt, obwohl sie vor dem Unfall sehr gerne Streife gefahren ist. Die Urlaubsreise der Familie mit dem PKW nach Italien muß kurzfristig storniert werden.

In der Allgemeinbevölkerung hat die PTSD eine Auftretenshäufigkeit (Prävalenz) von etwa 1 Prozent (Helzer, Robbins, Mc Evoy 1987). In Abhängigkeit von der Schwere des Traumas und bestehenden Risikofaktoren wie vorher bestehende psychische Störungen oder die frühe Trennung von den Eltern steigt die Wahrscheinlichkeit, eine Posttraumatische Belastungsstörung zu erleiden. Die Ursache für eine Posttraumatische Belastungsstörung stellt aber in erster Linie das Ereignis und nicht die Person dar. Je nach Ereignis und Größe des untersuchten Kollektiv wird von einer PTSD-Prävalenz von bis zu 60 Prozent berichtet. Untersuchungen an amerikanischen Polizeibeamten aus dem Jahr 1989, die an einem Schußwaffengebrauch beteiligt waren, haben gezeigt, daß etwa die Hälfte eine PTSD entwickelten, die Mehrzahl der anderen Teile der PTSD-Symptomatik aufwiesen. Nur einzelne Beamte waren symptomfrei (Gersons 1989).

Erfahrungen des Autors aus der eigenen posttraumatischen Betreuung weisen eine geringe Prävalenz der PTSD auf. Die Wahrscheinlichkeit, eine Akute Belastungsstörung oder eine Posttraumatische Belastungsstörung zu erleiden, ist um so niedriger, je eher und besser es gelingt, Betroffenen zu restabilisieren und die vorhandenen Ressourcen zur Bewältigung des Traumas zu aktivieren. Gerade bei Personen, die hoheitliche Aufgaben wahrzunehmen haben, sollten einige Besonderheiten beachtet werden.

Polizeibeamte stellen eine Berufsgruppe dar, die durch ein hohes Maß an Homogenität gekennzeichnet ist. Zur Berufsausübung gehört ein erwünschtes Persönlichkeitsprofil, das sich durch starke Selbstkontrolle, hohe Ideale und Werte-Standards, eine oftmals enge Orientierung an Regelwerken und Vorschriften sowie das Ausführen und Erwarten korrekter Verhaltensweisen auszeichnet. Nach besonderen beruflichen Belastungen trifft der Beamte immer noch auf ein Klima, das eher durch Durchhalteparolen und das Einfordern von Selbstdisziplin gekennzeichnet ist als durch eine angemessene Bewältigung eines Traumas. Natürlich erfordert ein Beruf, der sich mit Menschen in Situationen von besonderer Not, als Opfer von Gewalt oder auch als Gewalttäter zu befassen hat, unbedingt ein besonderes Maß an professioneller Widerstandskraft. Sie findet aber bei besonderen Traumatisierungen ihre Grenze. Eigener Anspruch und das berufliche Umfeld bringen einen traumatisierten Beamten dann in ein Dilemma. Er spürt einerseits die Symptome psychischer Belastung, wird aber andererseits vermeiden, sie sich selbst oder Kollegen gegenüber einzugestehen. Er muß angesichts der hohen Anforderungen, die an ihn gestellt werden und denen er sich auch aus sich selbst meist unterwirft, befürchten, versagt zu haben. Erste Interventionsmaßnahmen nach dem Trauma zielen darauf ab, Betroffene über die Normalität ihrer emotionalen und körperlichen Reaktionen aufzuklären und erste Strategien zur Bewältigung der Krise aufzuzeigen. Dazu gehört beispielsweise der Hinweis auf vorhandene kollegiale und familiäre Unterstützung, das Benennen bisheriger erfolgreicher Bewältigungsstrategien und das Einüben kurzfristig wirksamer Entspannungstechniken. Eine Einsatznachbesprechung im Sinne des CISD (Critical Incident Stress Debriefing) mit allen Beteiligten unter der Leitung eines mit der Methode vertrauten Moderators stellt eine besondere Form der Gruppenbetreuung dar. Das CISD setzt sich aus insgesamt sieben Schritten zusammen, die die faktischen, emotionalen und gedanklichen Aspekte des Taumas ansprechen und durch anlaßbezogenes aktives Zuhören und Wissenstransfer die Selbstheilungskräfte der Betroffenen mobilisieren (Mitchell und Everly 1993). CISD versteht sich nicht als Psychotherapie, sondern als Präventionsmaßnahme.

Krisenintervention und CISD sollten durch entsprechend weitergebildete, möglichst organisationseigene Kräfte durchgeführt werden, die über ein hohes Maß an Erfahrung, Akzeptanz und Unabhängigkeit verfügen. Krisenintervention darf nicht vom Wohl oder Wehe des jeweiligen Vorgesetzten abhängen. Die Prävention und Therapie von Akuten Belastungsstörungen und Posttraumatischen Belastungsreaktionen erfordert innerhalb der Polizei ein Vorgehen auf mehreren Ebenen.

Handlungsansätze

A. Vorbeugung

Eine gute Aus- und Fortbildung bietet Gewähr für einen hohen Kenntnisstand über die Problematik posttraumatischer Reaktionen und Störungen und reduziert so die Gefahr der Stigmatisierung Betroffener. Die Gefahr, daß posttraumatische Reaktionen übersehen oder fehlinterpretiert werden, wird vermindert.

B. Krisenintervention und -bewältigung

Nach einem Trauma sollten vorher festgelegte Abläufe die Begleitung Betroffener sicherstellen und sowohl im rechtlich-dienstlichen Bereich als auch im emotional-psychischen Bereich kompetente Beratung anbieten. Eine Krise soll sich nicht zur Katastrophe entwickeln, sondern zum individuellen Wachstum der Betroffenen und der Organisation beitragen.

C. Therapie

Es sollten rechtzeitig geeignete Therapeuten und Therapieeinrichtungen ausgewählt werden, die im Bedarfsfall rasch konsultiert werden können und über entsprechende Erfahrung, Behandlungskapazität und Akzeptanz verfügen.

Nicht alle Psychotherapieverfahren sind für die Behandlung der PTSD gleich gut geeignet. Je nach Schweregrad der Symptomatik bieten sich ambulante, teilstationäre oder stationäre Therapieverfahren in entsprechend spezialisierten Therapieeinrichtungen an. Gute Erfahrungen hat der Autor mit einem therapeutischen Setting gemacht, das einerseits einen Schwerpunkt im Aufbau von körperlichem Wohlbefinden durch ein adäquates Bewegungs- und Trainingsprogramm zur Steigerung der Kondition und der physiologischen Selbstregulation hat und das Erlernen geeigneter Entspannungstechniken, wie z. B. der Entspannungstechnik nach Jacobsen, anbietet. Andererseits werden kognitive Therapieelemente eingebracht. Psychoedukative Maßnahmen, also die Information und Beratung über psychische Vorgänge und Gesundheitserhaltung, Streßmanagement zur Vermittlung von Bewältigungsstrategien und psychologische Einzelgespräche sind dabei die einzelnen Komponenten. Ziel der Therapie ist die kognitive Umstrukturierung des Traumatisierten. Das Erlebte soll in die Lebensbiographie eingeordnet werden und die normale Funktionsfähigkeit wiederhergestellt werden. Ziel der Psychotherapie einer Posttraumatischen Belastungsstörung ist das Verarbeiten des Erlebten. Dabei sollte der seelischen Krise der Charakter einer Katastrophe genommen werden. Eigene Bewältigungsstrategien müssen gestärkt und die Zusammenhänge von Situationen, Gedanken und Gefühlen transparent gemacht werden. Falls notwendig, vermeidet eine frühzeitige und geeignete therapeutische Intervention seelische Folgeschäden und schafft die Möglichkeit zum konstruktiven Umgang mit beruflichen Belastungen.

D. Selbsthilfegruppen

Außerhalb des therapeutischen Bereiches, aber dennoch von sehr großer Wirksamkeit sind Selbsthilfegruppen von Betroffenen. Viele Polizeibeamte, die traumatisierende Erfahrungen gemacht haben, sei es durch einen Schußwaffengebrauch oder andere Ereignisse, und psychische Folgen an sich bemerken, empfinden den Erfahrungsaustausch mit gleichartig betroffenen Kollegen als sehr hilfreich. Im Gegensatz zum Debriefing finden sich hierbei Menschen unterschiedlicher Herkunft, aber gleicher Profession, die unabhängig von einander oftmals ähnliche Traumatisierungen und Reaktionen erlebt haben. Die Verschiedenartigkeit der individuellen Erlebnisse und unterschiedlich gediehenen Verarbeitungsvorgänge der Betroffenen sind in diesen Gesprächsrunden belebend. Die authentische Schilderung von posttraumatischen Erfahrungen gleichartig betroffener Kollegen genießt ein hohes Maß an Vertrauen. Die kollegiale Anteilnahme und das Verständnis ebenfalls Betroffener wirken oft wie der Schlüssel zur posttraumatischen Normalisierung. Selbsthilfegruppen können und wollen eine notwendige Psychotherapie nicht ersetzen. Sie wirken im prätherapeutischen Bereich.

2.6 Burnout

2.6.1 Der Burnout-Prozeß

Die Anforderungsprofile für bestimmte berufliche Tätigkeiten und Aufgaben lassen sich nach bestimmten Kriterien bestimmen und unterscheiden, wie Fachwissen, motorische Geschicklichkeit, körperlicher Trainingsstand etc. Immer auch spielen persönliche Einstellungen gegenüber der beruflichen Aufgabe eine wesentliche Rolle dafür, wie gut oder schlecht diese erledigt wird. Das Maß, in dem persönliches Engagement entscheidend wird für die Arbeitsbewältigung, ist jedoch in höchstem Grade unterschiedlich. Selbstverständlich wird vom Automechaniker erwartet, daß er eine Reparatur korrekt und gewissenhaft durchführt, unnötige Arbeiten unterläßt und seine Rechnung auch nur über tatsächlich erbrachte Leistungen und über tatsächlich verwendete Materialien ausschreibt. Ebenso selbstverständlich ist es andererseits, daß beispielsweise der Arbeitsplatz Krankenhaus ein unvergleichbar höheres Maß an persönlichem Engagement erfordert. Ist dieses Maß im Einzelfall für bestimmte Maßnahmen der körperlichen Pflege und Versorgung annähernd bestimmbar (im Falle unheilbar Kranker gerät auch dies zum Konflikt), entzieht es sich im Hinblick auf die notwendige menschliche Zuwendung gänzlich der Festlegung. Damit läßt sich auch kein verbindlicher Maßstab finden für die Qualität der erbrachten Arbeitsleistung. Dieser wird zum großen Teil zur Gewissensentscheidung des einzelnen. Hinzu kommt, daß die mit der Betreuung eines anderen Menschen notwendig verbundene Anteilnahme von den in diesem Bereich Tätigen oft nur mit Mühe beim Verlassen des Arbeitsplatzes abgestreift werden kann. Die Tatsache, daß letztlich „immer noch mehr getan werden könnte, als tatsächlich getan wird", macht den beruflichen Alltag zu einer potentiellen Überforderungssituation, die mit bestimmten psycho-physiologischen Reaktionen beantwortet wird. Ein sehr geläufiges Muster ist das, das man als Burnout bezeichnet und das weiter unten näher erläutert werden soll. Es ist nicht erstaunlich, daß sich Burnout gerade bei denjenigen findet, die ihren Beruf mit besonders großem Enthusiasmus und Engagement betreiben. Ebenso ist es leicht nachvollziehbar, daß das Burnout-Phänomen überwiegend bei Angehörigen der sogenannten helfenden Berufe angetroffen wurde. Hier lassen sich viele polizeiliche Handlungsfelder mühelos zuordnen aufgrund der Konfrontation mit Menschen, die Opfer von zum Teil erheblichen Straftaten geworden sind. Burnout wird grundsätzlich verstanden als mögliche Folge eines Ungleichgewichts zwischen persönlichen und organisatorischen Ressourcen und den Anforderungen der Arbeit (Cherniss 1980). Vor dieser Prämisse läßt sich erkennen, daß Burnout auch diejenigen bedroht, die nicht unmittelbar mit schwer geschädigten Menschen zu tun haben. Mühelos ließe sich hier das Beispiel des oben zitierten PK Schulte anführen, dessen persönliches Aufgabenverständnis nicht mit den Anordnungen seines Vorgesetzten in Einklang steht. Als weiteres Beispiel wäre hier der gesamte Bereich polizeilicher Prävention zu nennen, dessen Effekte erstens fast immer auch von dem Zusammenwirken mit weiteren beteiligten Personen und Institutionen abhängen und zweitens nach strengen statistischen Maßstäben überhaupt nicht meßbar sind. Die genannten Beispiele umfassen sehr unterschiedliche polizeiliche Aufgabenbereiche, so daß eine sinnvolle Diskussion der Auswirkungen von Burnout und Möglichkeiten zu dessen Vermeidung eine differenzierende Betrachtung erfordern. Vorangestellt werden soll jedoch eine genaue Beschreibung des Phänomens.

Burnout kann also verstanden werden als ein emotionales und physisches Erschöpfungssyndrom in Folge eines Ungleichgewichts zwischen persönlichen Vorstellungen und Ressourcen und den Anforderungen der Arbeit. Es handelt sich also um einen Prozeß, für den bezogen auf den Polizeiberuf eine Verlaufsdauer von etwa 7 bis 12 Jahren festgestellt wurde (Oligny 1994). Für diesen Prozeß wurden vier aufeinanderfolgende Stufen festgestellt, die als Phase des Enthusiasmus, der Stagnation, der Frustration und schließlich der Resignation unterscheidbar sind (Delwich and Brodsky 1980).

Die für das Burnout-Syndrom charakteristischen Symptome lassen sich auf drei Ebenen klassifizieren: Auf der psychologischen Ebene stellen sich Gefühle der Unzufriedenheit, leichte Irritierbarkeit, zunehmende Rigidität, depressive Tendenzen bis hin zur ausgeprägten Depression ein. Hinzu kommen somatische Beschwerden wie Schlafstörungen, Magengeschwüre, Kreislauf- und Rückenprobleme, Migräne. Damit einher gehen Veränderungen im Verhalten des Betroffenen wie sozialer Rückzug, Isolation, paranoide Tendenzen, herablassendes oder arrogantes Verhalten, Alkohol- oder Medikamentenabusus, Ehe- und Familienkonflikte usw. Für den Arbeitsbereich typische begleitende Verhaltensweisen sind etwa höhere Fehlzeiten, geringe Kooperationsbereitschaft, „Dienst-nach-Vorschrift"-Tendenzen.

Obwohl für den klinischen Bereich einige Skalen zur Erfassung des Burnout-Syndroms zur Verfügung stehen (MBJ = Maslach Burnout Inventory, SBS-HP = Jones Staff Burnout Scale by Health Professionals), ist eine saubere Diagnostik sehr schwierig. Die genannten Symptome variieren in der Schwere ihres Auftretens und müssen beim Betroffenen nicht einmal alle vorhanden sein. Umgekehrt können weitere, hier nicht genannte Symptome hinzutreten. Burnout ist eine unter anderen möglichen Reaktionsvarianten auf bestimmte Bedingungen der Arbeit und wahrscheinlich die als Syndrom bisher am besten erfaßte. Somit ist es nicht unwahrscheinlich, daß sich in der Praxis Reaktionsmuster zeigen, die sich nicht vollständig als Burnout klassifizieren lassen, dennoch denselben Ursachen zuzuschreiben sind und ebenso Interventionen erfordern. Das Erkennen einer Burnout-Symptomatik wird zusätzlich erschwert durch deren Prozeßcharakter. Veränderungen, die langsam und schleichend an einem Menschen vorgehen, sind für andere und sogar für den Betroffenen selbst oft kaum als Folgen einer lang andauernden Belastungssituation erkennbar. Zynismus, Sarkasmus oder herablassendes Verhalten etwa werden häufig als sozusagen genuine Persönlichkeitsmerkmale aufgefaßt. Hierbei ist zusätzlich zu bedenken, daß gerade ironisierende und zynische Bemerkungen Teil eines Sprachgebrauchs sind, der für bestimmte Berufsgruppen typisch ist und hier zweifellos als kollektive Distanzierungsstrategie anzusehen ist, ohne daß dem bereits Krankheitswert zugeschrieben werden könnte. Die Existenz derartiger Entlastungsstrategien kann umgekehrt natürlich auch als Indikator gewertet werden für besonders belastende berufliche Situationen. Die Problematik einer sauberen Burnout-Diagnostik wird besonders dann deutlich, wenn einzelne häufig (jedoch keinesfalls immer!) mit dem Syndrom in Zusammenhang stehende Problematiken vorschnell in diesen Zusammenhang gestellt werden. So werden z. B. (angeblich) erhöhte Scheidungsraten bei bestimmten Berufsgruppen gerne als Indikator für besonders hohe Partnerkonflikte herangezogen. Wenn dies dann wiederum in den Zusammenhang des Burnout-Syndroms gestellt wird, droht die Pathologisierung ganzer Berufsgruppen. Hier wird vollends übersehen, daß die dahinter stehenden Gründe ganz andere sein können. Eine hohe Scheidungsrate in bestimmten Berufsgruppen könnte ebensogut als Indikator für eine hohe Bereitschaft zum Heiraten, d.h. für eine eher traditionelle Lebensauffassung gewertet werden. Dies würde bedeuten, daß sich eine möglicherweise vergleichbar hohe Zahl von Trennungen in Vergleichsgruppen statistisch nicht als Scheidung dokumentiert. Nicht zu vergessen ist hier auch, daß Trennungen vom Partner/von der Partnerin effektive Konfliktlösungsstrategien darstellen können und somit eher für die Kompetenz einer Person sprechen. Vollends unüberschaubar wird die Problematik im Zusammenhang mit dem Alkoholismus, der sehr vielfältige Ursachen haben kann, die keineswegs mit der beruflichen Situation in Zusammenhang stehen müssen. Ein Mensch, der an einer ausgeprägten Alkoholproblematik leidet, wird selbstverständlich in deren Folge Ausfälle in seiner beruflichen Leistungsfähigkeit zeigen und ebenso selbstverständlich der Unterstützung bedürfen. Dabei sollte jedoch nicht vorschnell der Zusammenhang zum Burnout-Syndrom angenommen werden. Die dargestellten Schwierigkeiten legen einerseits eine „inflationäre" Burnout-Zuschreibung nahe, andererseits verführen sie umgekehrt Kollegen und Vorgesetzte dazu, „erst gar nicht richtig hinzusehen" und/oder wahrgenommene Auffälligkeiten unerwünschten Charaktereigenschaften oder privaten Schwierigkeiten des Betroffenen zuzuschreiben. Dieser reagiert in aller Regel auf Veränderungen, die er an sich selbst wahrnimmt, zunächst einmal mit **Schuldgefühlen** und **Isolation**, wodurch die **Burnout-Spirale** in Gang gesetzt wird. Gerade die Problematik, die mit dem Erkennen eines Burnout-Syndroms verbunden ist, verpflichtet zu besonders sensiblem und vorausschauendem Umgang mit dieser Thematik. Dabei stehen nicht nur die körperliche und emotionale Gesundheit der Betroffenen auf dem Spiel, sondern auch die Effizienz des gesamten Systems, das die mit der Schädigung durch Burnout verursachten Qualitätsverluste kompensieren muß.

2.6.2 Vermeidung von Burnout

Wie oben ausgeführt, stellt sich Burnout nicht „aus heiterem Himmel" ein, sondern ist als prozeßhaftes Geschehen zu begreifen, an dessen Ende eine ausgeprägte Symptomatik mit Krankheitswert steht. Daraus ergibt sich die Notwendigkeit zur Burnout-Prävention als berufsbegleitende Maßnahme. Wie dies im einzelnen aussehen könnte, richtet sich nach den Spezifika verschiedener Arbeitsbereiche und wird weiter unten exemplarisch im Zusammenhang einzelner dieser Arbeitsbereiche ausgeführt werden. Einige allgemeine Prinzipien lassen sich dennoch formulieren.

Eine Grundannahme zur Burnout-Problematik lautet, daß sich diese in der Auseinandersetzung mit der umgebenden Arbeitsumwelt entwickelt. Je enger und rigider diese Umwelt gestaltet ist, desto enger sind die Grenzen der Auseinandersetzung und desto eher werden Konfrontationen mit den eigenen Vorstellungen und Möglichkeiten spürbar. Daraus folgt, daß dem einzelnen Mitarbeiter die Gelegenheit zu einer möglichst großen Mitgestaltung seiner eigenen Arbeitswirklichkeit einzuräumen ist. Die gegebenen Grenzen müssen gleichzeitig transparent sein, und zwar grundsätzlich und vor allem bevor diese überschritten werden, damit diese nicht als persönlich gemeinte Einengung, sondern als dienstliches oder systemisches Erfordernis aufgefaßt werden. Damit erhalten sie für den einzelnen Mitarbeiter auch entlastende Funktion. Gerade dort, und dies gilt derzeit für viele Bereiche der Polizei, wo neue oder andere Wege beschritten werden sollen als Folge neuer Aufgaben oder eines sich verändernden Aufgaben- und Managementverständnisses, lebt die Qualität der Arbeit von der Innovationsbereitschaft der Mitarbeiter und deren Know-how, das das des Vorgesetzten häufig übersteigt. Hier ist es erforderlich, in ständigem Dialog mit den Mitarbeitern Möglichkeiten und Grenzen der Arbeitsgestaltung zu diskutieren und die Möglichkeit des Experimentierens einzuräumen. Im Falle des Scheiterns derartiger Experimente muß die Loyalität des Vorgesetzten selbstverständlich sein. Dies erfordert vom Vorgesetzten die Fähigkeit zum Vertrauen in seine Mitarbeiter, Toleranz und Mut; Tugenden, die – insbesondere in dieser Verknüpfung – nicht immer anzutreffen sind. Ebenso sollte die Zeit, in der ein Mitarbeiter emotional belastenden Situationen ausgesetzt ist, beschränkt sein. Damit ist einmal die tägliche Arbeitszeit gemeint, ebenso aber auch die Lebensarbeitszeit, in dem Sinne, daß Versetzungen aus sehr belastenden Arbeitsbereichen auch unter dem Aspekt der Burnout-Prophylaxe erwogen wären sollten. Hier ist allerdings kritisch einzuwenden, daß ein hohes Maß an Spezialisierung bereits einen gewissen Schutz gegenüber Belastungen des Arbeitsumfeldes darstellt, wenn diese Spezialisierung nicht nur eine fachliche im engeren Sinne darstellt, sondern bereits Bewältigungsstrategien umfaßt. In diesem Zusammenhang sind die Einrichtungen der Aus- und Fortbildung gefordert, wie an einschlägiger Stelle noch zu zeigen sein wird. Gerade auch unter dem Aspekt der Burnout-Prophylaxe sollten Vorgesetze, Kollegen und Betroffene Kontakte zu den innerhalb der Polizei installierten Betreuungsinstitutionen, wie z. B. den SAPn (Sozialen Ansprechpartnern), Psychologen oder Ärzten suchen bzw.

pflegen. Von dort aus wird auch Beratung über eine möglicherweise notwendige, ggf. auch externe, medizinisch-psychologische Unterstützung gewährleistet.

Ein zweiter im Zusammenhang mit der Burnout-Problematik wesentlicher Faktor scheint eine engagierte und idealistische Einstellung gegenüber der eigenen beruflichen Tätigkeit zu sein. Ein naheliegender Schluß könnte also darin bestehen, in Auswahlverfahren auf die weniger enthusiastischen Kandidaten zu zielen. Dies wäre allerdings für das Funktionieren des Gesamtsystems Polizei wenig produktiv, da – wie am Beispiel „Krankenhaus" gezeigt – bestimmte berufliche Tätigkeiten nur mit einem hohen Maß persönlichen Engagements zu bewältigen sind. Dies läßt sich auf den Polizeibereich insofern übertragen, als Polizeiarbeit – bis auf wenige Ausnahmen – immer den Kontakt mit Menschen einschließt, und zwar mit Menschen in Konflikt- oder zumindest unangenehmen Situationen, sei es, daß diese als Opfer, Beschuldigte oder Zeugen mit der Polizei in Kontakt treten, sich als Demonstrationsteilnehmer einer (zumindest potentiellen) Konfrontation ausgesetzt sehen oder beispielsweise sich als Verkehrsteilnehmer durch Kontrollen gestört oder zumindest unbehaglich fühlen. Jenseits des konkreten Bürgerkontakts ist ebenfalls ein gehöriges Maß an Engagement vonnöten, um den z. T. sehr komplexen fachlichen Anforderungen zu genügen.

Was also wäre vorzuschlagen, um das Engagement der Mitarbeiter nutzbar zu machen bei gleichzeitiger Beachtung einer adäquaten Burnout-Prophylaxe? Derartige Überlegungen sollten bereits die „Werbemaßnahmen" für den Polizeiberuf prägen, indem jungen Interessenten ein realistisches Bild der im Polizeiberuf zu erfüllenden Anforderungen gezeichnet wird. Und zwar besonders auch im Hinblick auf den typischen Verlauf einer Polizistenkarriere, die an ihrem Beginn – und über Jahre hinweg – Routineaufgaben umfaßt, die relativ wenige Möglichkeiten zur Realisierung spezifischer Interessen und Fähigkeiten offenläßt. Dies gilt im übrigen ebenso für andere Berufsausbildungen oder für ein Studium, das sich für viele Interessenten als Alternative anbietet. Es muß nur deutlich zum Ausdruck gebracht werden. Ebenso deutlich müssen die relativ geringen Chancen zur Erreichung der Endstufen der polizeilichen Karriere, des Zugangs zum höheren Dienst, dargestellt werden. Die Verlockung, auch mittels Hochschulstudium in Positionen des höheren Dienstes zu gelangen, überdeckt oft die nüchterne Tatsache, daß dieser nur einen extrem geringen Teil des Stellenkegels ausmacht. Dies mag für junge Interessenten für den Polizeiberuf, denen sich derartige Positionen allenfalls als Fernziel darstellen, noch relativ unerheblich sein, wird im Laufe der persönlichen Karriere jedoch zunehmend bedeutsamer. „Nicht zum höheren Dienst zugelassen worden zu sein" wird zu einer beruflichen Lebenserfahrung für viele, eben weil die Möglichkeit dazu vielen potentiell offensteht, die Bedarfs- und damit Stellensituation jedoch eine andere Realität spiegelt. Der statistisch sehr wahrscheinliche Fall der Nichtzulassung stellt sich für den einzelnen immer auch als ein Problem persönlich nicht ausreichender Qualifikation dar. Dies erfordert zur Erhaltung des Selbstwertgefühls bestimmte Schutzmechanismen, und zwar bereits weit im Vorfeld tatsächlich wahrgenommener Auswahlchancen. Vereinfacht läßt sich dies auf die Formel bringen: „Viele möchten zum höheren Dienst, aber keiner gibt es zu." Und jeder muß vor sich und anderen Gründe finden, „warum er es eigentlich doch nicht will" oder zu „denen" nicht gehören will. Diese (latente) Problematik trägt zu grundsätzlich ambivalenten Einstellungen gegenüber Funktionsträgern des höheren Dienstes bei. Ebenso wirksam ist dabei ist die Kehrseite der statistisch geringen Zulassungschance, und zwar dergestalt, daß den wenigen tatsächlichen Funktionsträgern ein Status zukommt, der für Angehörige gleicher Besoldungsgruppen in anderen Bereichen deutlich geringer ist. Die angesprochene Ambivalenz trägt nicht unerheblich zu Führungsproblemen bei. Hier ist eine Personalentwicklungspolitik gefordert, die eine größere Berechenbarkeit der eigenen Berufslaufbahn ermöglicht. Zu denken wäre hier an Verfahren, die eine frühzeitigere Weichenstellung ermöglichen, oder auch an verstärkte Möglichkeiten des Direkteinstiegs, wie sie derzeit in den meisten Bundesländern gegeben sind. Die damit verbundenen interkollegialen Spannungen sollen hier nicht diskutiert werden, da es sich dabei weitgehend um Charakteristika einer Übergangszeit handelt.

Es bleibt immer noch die Frage, wie besonderes berufliches Engagement als Faktor im Auswahlverfahren zu berücksichtigen ist. Das erste und zentrale Problem dabei ist natürlich die Tatsache, daß sich dies im Auswahlverfahren, sprich im Vorfeld, nicht valide messen läßt. Die eher der Erfassung zugänglichen Persönlichkeitseigenschaften emotionaler und intellektueller Flexibilität, die wesentlich dazu beitragen, nicht erfüllbare (Wunsch-)Vorstellungen über die eigene Arbeitssituation produktiv zu verarbeiten, sollten jedoch Kriterien eines Auswahlverfahrens darstellen und tun dies im übrigen teilweise auch schon.

Wesentlich im Sinne der Burnout-Prophylaxe erscheint ein berufliches Selbstverständnis, das von hoher Professionalität eprägt ist. Und zwar Professionalität im Sinne von fachlicher Kompetenz, diedie Abgrenzung polizeilicher Aufgaben- und Zuständigkeitsbereiche einschließt. Polizeibeamte agieren oft in gesellschaftlichen Problemfelern, die polizeiliche und psychosoziale Intervention erfordern. Als Beispiel soll die Situation „Familienstreitigkeit" dienen. Polizeibeamte im Einsatz können und sollen hier keine sozialarbeiterischen Funktionen übernehmen. Die Beschränkung der eigenen Aktion auf das Wiedrherstellen von Ruhe und Ordnung, nötigenfalls durch eine Ingewahrsamnahme eines Beteiligten, führt jedoch häufig zu immer wiederkehrenden Einsätzen in denselben Familien. Dies wiederum hat zwangsläufig Frustrationen auf allen Seiten zur Folge. Abgrenzung der eigenen Zuständigkeit sollte immer auc die Kenntnis der Zuständigkeiten jenseits dieser Grenzen unddie Weitergabe dieser Kenntnis an die Betroffenen einschließen. In einigen Schutzbereichen werden Polizeibeamte derzeit vorbildlich für diese Aufgabe vorbereitet, indem z. B. Adressenlisten regionaler Hilfsinstitutionen zusammengestellt wurden, auf die im Falle der Krisenintervention verwiesen oder zurückgegriffen werden kann.

Für die **einschreitenden Beamen** setzt dies natürlich voraus, daß sie in der Lage sind, **Gespräche mit den Betroffenen** zu führen, die Vermutungen über Hintergrundproblematiken überhaupt erst ermöglichen, um auf gezielte Hilfsmöglichkeiten zurückgreifen bzw. hinweisen zu können. Dies ist notwendig, da die Betroffenen häufig nicht über die intellektuelle und soziale Kompetenz verfügen, eine derartige Selektion selbst vorzunehmen. (Vermutlich würde es anderenfalls erst gar nicht zu einem Familienstreit kommen, der einen polizeilichen Einsatz erfordert.) Die Beschränkung fachlicher Kompetenz auf die Kenntnis strafrechtlicher Vorschriften und einsatztaktischer Notwendigkeiten wird in der polizeilichen Ausbildung in Nordrhein-Westfalen derzeit modellhaft aufgelöst und um die genannten Aspekte erweitert in der neu installierten sogenannten Modulausbildung. Diese ist nicht an einzelfachlichen Inhalten orientiert, sondern an konkreten Aufgabenschwerpunkten. Alle hierfür relevanten fachlichen Aspekte werden hier – in der Bezogenheit aufeinander – erörtert und handlungspraktisch umgesetzt. Die daraus resultierende Verhaltenssicherheit ist eine wesentliche Voraussetzung für das Gefühl der eigenen Professionalität und dient der psychischen Stabilisierung.

Ein Problem jeder **Aus- und Fortbildung**, die sich auf konkrete Handlungssituationen bezieht, resultiert aus dem (häufig nicht einmal mehr bewußten) Selbstverständnis, daß Schulungs- und Trainingsnotwendigkeiten nicht für leicht zu lösende, sondern für problematische Situationen entstehen. Dies legt die Tendenz nahe, die Häufigkeit derartiger Situationen zu überschätzen. Für den polizeilichen Bildungsbereich verschärft sich diese Problematik insofern, als die berufliche Handlungspraxis in der Tat zum großen Teil aus Situationen besteht, die konflikthaften oder offen konfrontativen Charakter haben. Das heißt, der Konfliktfall wird zum beruflichen Normalfall, dessen besondere Ausgeprägtheit wiederum zum Gegenstand der Aus- und Fortbildung wird. Dies führt häufig nicht nur – wie in anderen Bereichen auch – zur Überakzentuierung beruflicher Problemsituationen, sondern insgesamt zu einer negativ verzerrten Wahrnehmung des gesamten Lebensumfelds. Dies soll am Beispiel der beruflichen Situation „Einsatz gegen gewalttätige Personen bei Demonstrationen" erläutert werden. Die Notwendigkeit des polizeilichen Einsatzes ergibt sich nicht aus der Tatsache der Demonstration als solcher, sondern aufgrund gewalttätiger Aktionen einzelner Personen, die den friedlichen Ablauf der Demonstration stören und gegen die sich der Einsatz richtet. Diese Personen werden konsequenterweise als Störer bezeichnet. Es liegt nun nahe, im Verlauf der beruflichen Sozialisation grundsätzlich Demonstranten als Störer zu bezeichnen und zu erleben. Unterstützend wirkt hier die Erfahrung gruppendynamischer Prozesse der Solidarisierung friedlicher Demonstranten gegen die einschreitenden Polizeibeamten. Andere, entgegengesetzte Prozesse werden, da die beschriebene Situation für die Polizeibeamten mit einem hohen Angst- und Streßpegel verbunden ist, in der Wahrnehmung ausgeblendet. Damit wird die Gleichsetzung von Störern und Demonstranten scheinbar ständig durch die Erfahrung bestätigt. Diese Sicht- und Erlebensweise ist durchgängig bereits in der polizeilichen Ausbildung festzustellen und zwar vor jeder eigenen Demonstrationserfahrung. Sehr häufig gehen hier Verknüpfungen noch viel weiter, indem etwa Studenten – als potentiell demonstrationsfreudiger Sozialgruppe – negative Einstellungen gegenüber Polizeibeamten durch diese selbst zugeschrieben werden, was den Ergebnissen einschlägiger Untersuchungen nicht entspricht (Deusinger 1995). Ergebnisse der Polizeiforschung belegen, daß Polizeibeamte grundsätzlich davon ausgehen, daß die Einstellungen der Bevölkerung gegenüber der Polizei erheblich negativer wäre, als dies der Fall ist (Feltes und Rebscher 1990). Da viele polizeiliche Aufgaben im Gruppen- oder Partnerverband (Streifeneinsätze) bewältigt werden, entsteht eine große Bezogenheit zwischen den Kollegen, mit der wiederum die ständige gegenseitige Verstärkung der dargestellten Wahrnehmungstendenzen verbunden ist. Hinzu kommt, daß die Arbeit im Schichtdienst auch das private Umfeld vielfach wesentlich auf andere Schichtarbeiter, sprich Polizeikollegen, einengt. Wie gesagt, führen die beschriebenen Mechanismen dazu, daß Polizeibeamte dazu neigen, andere Menschen grundsätzlich als „polizeiliches Gegenüber" zu erleben und sich von diesen angegriffen zu fühlen. Daraus resultieren „Verteidigungsstrategien", die sich mehr und mehr von der anfänglichen Vorstellung, helfend und unterstützend zu arbeiten, entfernen. Da der damit verbundene Spannungszustand schwer auszuhalten ist, finden sich verschiedene Bewältigungsstrategien, unter denen häufig die Tendenz des „Noch-unempfindlicher-Werdens" anzutreffen ist, die auch in hohem Maße akzeptiert und entsprechend verstärkt wird. Frustrationspotentiale liegen hier auf der Hand und bilden ideale Ausgangspunkte für Burnout-Effekte. Es gibt Bestrebungen in der polizeilichen Ausbildung, den oben beschriebenen Mechanismen entgegenzuwirken, etwa durch explizite Thematisierung der beschriebenen Einstellungszusammenhänge in bestimmten, den polizeilichen Alltag kennzeichnenden Situationen. In diesen Kontexten wird die Verhaltenswirksamkeit dieser Einstellungen demonstriert und alternative Verhaltensmuster eingeübt. Dies geschieht überwiegend während des sogenannten Verhaltenstrainings der Fachhochschulausbildung und sollte als Lehrprinzip ähnlich wie in der Modulausbildung der polizeilichen Grundausbildung größeren Raum in der gesamten Ausbildungssituation einnehmen. Im Zusammenhang der mit der polizeilichen Ausbildung verbundenen gegenseitigen Wahrnehmungsbestätigung sollte auch eine Externalisierung des Studiums bedacht werden, wie sie in anderen Zusammenhängen bereits diskutiert wird (Merten 1996).

Bisher wurden recht allgemeine Vorschläge zur Burnout-Prophylaxe für die Einflußgrößen Führungsverhalten, Personalentwicklung sowie Aus- und Fortbildung diskutiert. Außen vor blieben Überlegungen zu expliziten psychosozialen Interventionen, weil sich diese nicht grundsätzlich, sondern handlungsfeldbezogen aufzeigen lassen. Im folgenden werden deshalb einzelne polizeiliche Handlungsfelder und die sich dort spezifisch ergebenden Burnout-Risikofaktoren sowie entsprechende Interventionsmöglichkeiten diskutiert.

3 Belastungen in polizeilichen Alltagssituationen

3.1 Umgang mit Unfallopfern

Im polizeilichen Alltag ist die Aufnahme von Verkehrsunfällen häufig geübte Routine. Unfallstelle absichern, Unfallspuren aufnehmen, messen und fotografieren, Unfallbogen ausfüllen, Verwarnung aussprechen, Abschleppwagen bestellen, alles läuft nach Schema, traumwandlerisch sicher. Wenn es bei dem Unfall Verletzte oder Tote zu beklagen gibt, ändert sich das Bild. Eingeübte Techniken müssen aufgeschoben werden, es muß sich erst um Verletzte gekümmert werden. Glücklicherweise ist der Rettungsdienst schnell vor Ort, zumindest in den großen Städten, so daß man sich schnell wieder aus der unangenehmen Situation zurückziehen kann. Zehntausende von Unfallverletzten und Tausende von Unfalltoten pro Jahr führen aber unweigerlich dazu, daß sich auch Polizeibeamtinnen und -beamte mit Unfallopfern zu befassen haben werden. Viele waren schon selbst an einen Verkehrsunfall beteiligt und wissen, daß selbst ein Unfall, der nur mit einem Blechschaden einherging, ein Ereignis darstellt, daß belastend wirken kann. Um wieviel mehr mag es Menschen belasten, die nicht von Berufs wegen mit der Materie befaßt sind? Wie gravierend sind die Folgen von Verletzungen? Folgen an Leib und Seele, die vielleicht hätten verhindert werden können. Wie sehr belasten tödliche Verkehrsunfälle die Beamten, die vor Ort agieren müssen? Bestehen Möglichkeiten, die Belastungen für die Beamten zu reduzieren? Wie sehen diese Möglichkeiten aus und haben sie vielleicht auch Auswirkungen in Hinsicht auf die Prävention von Verkehrsunfällen? Es wird im folgenden Kapitel also nicht nur um die medizinische und psychische Erste Hilfe gehen, sondern um ein komplexes Netzwerk von Maßnahmen, die die Polizei stets einschließen. Dazu gehört auch die Entwicklung einer besonderen Sichtweise und Sensibilität für die Verkehrsunfallprävention.

Alltägliche Ereignisse wie ein Verkehrsunfall können für die Betroffenen erhebliche Veränderungen des weiteren Lebens nach sich ziehen. Körperliche Verletzungen, drohende Invalidität, Unfallschreck, psychische Belastungen oder auch nur der Verlust materieller Güter stellen Momente dar, die den normalen Lebensablauf stören. Wenn wir den Menschen als ganzheitliches Wesen verstehen wollen, muß es also auch ganzheitliche Unterstützungsstrategien geben, die nicht in nur körperliche und nur psychische Hilfe differenziert werden. Ein Unfall ist für die Beteiligten regelmäßig ein Ereignis, das sie in der Wahrnehmung ihrer Bedürfnisse, vorübergehend oder dauernd, einschränkt. Hilfe für Unfallopfer ist daher Hilfe bei der Erfüllung ihrer Bedürfnisse, die sich beginnend von biologischen Bedürfnissen bis hin zu emotionalen und transzendenten Bedürfnissen erstrecken. Ein geeignetes Modell für die Struktur menschlicher Bedürfnisse ist die Hierarchie der Bedürfnisse nach Maslow.

> *Bedürfnishierarchie nach Maslow*
>
> 1 **Biologische Bedürfnisse**
>   Bedürfnisse nach Nahrung, Wasser, Sauerstoff, Ruhe, Sexualität, Entspannung
>
> 2 **Sicherheit**
>   Bedürfnisse nach Sicherheit, Ruhe, Freiheit von Angst
>
> 3 **Bindung**
>   Bedürfnisse nach Zugehörigkeit, Verbindung zu anderen, zu lieben und geliebt zu werden
>
> 4 **Selbstwert**
>   Bedürfnisse nach Vertrauen und dem Gefühl, etwas wert zu sein und kompetent zu sein; Selbstwertgefühl und Anerkennung von anderen
>
> 5 **Kognitive Bedürfnisse**
>   Bedürfnisse nach Wissen, Verstehen, nach Neuem
>
> 6 **Ästhetische Bedürfnisse**
>   Bedürfnisse nach Ordnung und Schönheit
>
> 7 **Selbstverwirklichung**
>   Bedürfnis, das eigene Potential auszuschöpfen, bedeutende Ziele zu haben
>
> 8 **Transzendenz**
>   Spirituelle Bedürfnisse, sich mit dem Kosmos in Einklang zu fühlen

Bedürfnisse sind nach diesem Modell in ihrer Bedeutung als Kaskade zu verstehen. Sie bauen aufeinander auf. Für den Helfer am Unfallort bedeutet das beispielsweise, daß er sich zunächst um die Wiederherstellung der **biologischen Integrität** seines Gegenübers kümmern muß, bevor über Unfallhergang und weitergehende Aspekte zu sprechen sein wird. Der Helfer wird sich aber nicht auf die rein somatische Hilfe zurückziehen können, will er dem Menschen insgesamt gerecht werden. Bei Verletzten steht zwar die Versorgung der Verletzungen im Vordergrund, sie allein wird aber der Problematik des Unfallopfers nicht gerecht. Ein Unfallopfer hat nicht nur den Anspruch auf adäquate medizinische Versorgung, sondern auch das Bedürfnis und den Anspruch auf Sicherheit, Würde, Zuwendung und Information. Erst wenn diese Bedürfnisse erfüllt sind, kann man die Gesundung und Restabilisierung eines Unfallbeteiligten erwarten. Es besteht dabei kein prinzipieller, sondern nur ein gradueller Unterschied im Umgang mit verletzten oder unverletzten Unfallbeteiligten. Ein so hoher Anspruch erfordert nicht die Bereitstellung eines Betreuers für jeden Unfallbeteiligten, sondern setzt zunächst Maßstäbe für das Handeln der im Zusammenhang mit dem Unfall agierenden Personen, also auch für Polizeibeamte.

Verkehrsunfall ohne Verletzte
Schon der Bagatellunfall mit Sachschaden führt dazu, daß Unfallbeteiligte aus ihrer wohlvertrauten und planbaren Welt herausgerissen werden und sich mit einer neuen Realität auseinanderzusetzen haben. Schreck und Erregung kennzeichnen die erste Phase nach dem Unfall. Hilflosigkeit und die Unfähigkeit, koordiniert zu handeln, findet man oft vor. Wie sonst erklären sich unzureichend gesicherte Unfallstellen und Fahrzeuge, die trotz nur geringer Beschädigungen wie festgenagelt mitten auf der Kreuzung im dichtesten Verkehr stehengelassen werden? Der Unfallschreck und die Konfrontation mit dem Verursacher belasten und führen in der Anfangsphase oft zu einer Erstarrung der Situation. Automobile sind häufig emotionsbeladene Lustobjekte, für deren Beschaffung oft länger gespart wurde oder Schulden gemacht wurden. Die Beschädigung eines solchen Objektes besorgt den Eigentümer. Die Unfallbeteiligten erwarten jetzt von der Polizei die Schaffung von Sicherheit, die Wiederherstellung der „heilen Welt". Die Unfallhäufigkeit steigt bekanntlich mit der Verkehrsdichte oder dem Eintreten widriger Witterungsumstände. Wartezeiten auf den polizeilichen Einsatz entstehen, die Unfallbeteiligte müssen in ihrer ungewohnten Situation verharren. Für die eingesetzten Beamten handelt es sich um den x-ten Verkehrsunfall in dieser Schicht, für den Bürger möglicherweise um den ersten Unfall seines Lebens, der ihn vielleicht vor finanzielle Probleme stellt. Einfühlsame Kommunikation ohne barsche Vorwürfe und professioneller Sachverstand können die Unfallbeteiligten wieder handlungsfähig machen und ihnen nicht nur **das Gefühl** von Sicherheit geben. Dinge, die man selbst als Polizeibeamter tagtäglich durchführt, müssen dem Gegenüber nicht geläufig sein. Transparenz im Handeln und eine Erklärung der weiteren Schritte stabilisieren die Beteiligten.

Verkehrsunfall mit Verletzten
Wegen ihrer großen Anzahl gehören Verkehrsunfälle mit Verletzten zur Routine polizeilicher Arbeit. Wenn auch in städtischen Ballungszentren die Anrückzeiten für den Rettungsdienst so kurz sind, daß die medizinische Erstversorgung durch Rettungskräfte zeit- und fachgerecht durchgeführt wird, so sollte das Problem der Betreuung von Unfallopfern durch die Polizei nicht aus dem Blickfeld verloren werden. Im ländlichen Bereich oder auf der Autobahn kommt die Polizei oft vor dem Rettungsdienst zur

Unfallstelle und muß sich um Verletzte kümmern. Bei besonders schweren Unfällen mit mehreren Verletzten ist ebenfalls eine Mitversorgung von Verletzten durch Polizeibeamtinnen oder -beamte angezeigt. **Medizinische und psychische Erste Hilfe bauen aufeinander auf,** sie sind untrennbar miteinander verbunden. In der Akutversorgung ist die medizinische Erste Hilfe gleichzeitig der Beginn der psychischen Ersten Hilfe. Vorrangiges Bedürfnis der Verletzten und erstes Ziel der Helfer ist die Aufrechterhaltung der Vitalfunktionen. Rettung von Personen, Stillung starker Blutungen, Wiederbelebungsmaßnahmen und Atemspende haben stets Vorrang. Verbände sind anzulegen, eine geeignete und möglichst schmerzfreie Lagerung, bei Bewußtlosen die Stabile Seitenlagerung, ist sicherzustellen. An dieser Stelle wird sich mancher Leser fragen, wie lange das letzte Erste Hilfe-Trainig zurückliegt. Mindestens einmal pro Jahr sollten die Kenntnisse aufgefrischt werden, um im Bedarfsfall sachgerecht eingesetzt werden zu können.

Die Wahrnehmung des Verletzten fokussiert sich auf den Körperteil, der durch die Verletzungen für den Betroffenen am deutlichsten beeinflußt wurde. Der unerfahrene Ersthelfer wird sich der Wahrnehmung des Verletzten anschließen und läuft dadurch Gefahr, lebensbedrohliche Verletzungen zu übersehen. Die blutende, aber insgesamt eher harmlose Kopfwunde beeindruckt sowohl den Verletzten als auch den Helfer primär mehr als eine stumpfe Bauchverletzung, die schon wegen des Unfallschrecks nicht unbedingt schmerzhaft sein muß, aber in ihrer Bedeutung lebensbedrohlich sein kann. Insbesondere blutende Verletzungen an Kopf und Gesicht werden als sehr bedrohlich sowohl von Verletztem als auch Helfer empfunden und lösen oft mehr Angst aus als schwerere Verletzungen am Körper. Verletzungen, die mit der Immobilisation des Verletzten einhergehen, sind ebenfalls mit einem großen Angstpotential besetzt. Als extremes Beispiel seien hier Verletzungen genannt, die mit der Symptomatik einer Querschnittslähmung einhergehen. Aber auch Situationen, in denen Personen eingeklemmt sind, ohne schwerwiegende Verletzungen erlitten zu haben, werden als sehr bedrohlich empfunden, ohne es objektiv stets zu sein. Für Verletzte ist sehr häufig der Schmerz, den eine Verletzung mit sich bringt, ein Kriterium für die Bewertung seiner Verletzungen. Subjektiver Schmerz ist aber nicht immer objektives Kriterium für die Beurteilung der Schwere einer Verletzung. Daher ist eine systematische und umfassende Befragung und Inaugenscheinnahme des Unfallverletzten auch für den Ersthelfer unverzichtbar.

Kinder empfinden Verletzungen häufig extremer als Erwachsene. Hier steht noch mehr der wahrgenommene Schmerz im Vordergrund als die reale Bedeutung der Verletzung. Aus eigener Erfahrung mit verunfallten Kindern wurde deutlich, daß auch die Reaktion der Erwachsenen das Verhalten der Kinder beeinflussen kann. Ruhige und emotional stabile Kinder werden durch das Entsetzen der Eltern erst beunruhigt und zeigen alle Symptome von Angst.

Psychische Erste Hilfe

Körperliche Verletzungen mit den entsprechenden Schmerzen und Funktionseinschränkungen sind nicht die einzigen Unfallfolgen für einen Verletzten. In Folge des Unfalls ergeben sich weitere Einschränkungen, die Betroffene in erheblichem Maße belasten können. Eigene Erfahrungen aus dem Notarztdienst weisen auf Probleme hin, die jenseits der rein somatischen Erstversorgung liegen. Dabei handelt es sich um Phänomene, die in den Regeln zur Psychischen Ersten Hilfe für Verletzte, die unter anderem in Hilfsorganisationen vermittelt werden, ihre Umsetzung gefunden haben. Eine angemessene psychische Betreuung von Verletzten führt oft zu einer Stabilisierung oder Verbesserung des körperlichen Zustandes.

Vorschläge für den Umgang mit Verletzten

1. Sage, daß du da bist und daß etwas geschieht!

Der Verletzte soll spüren, daß er nicht allein ist und daß ihm geholfen wird. Gehen Sie zu dem Verletzten und stehen Sie nicht herum! Kümmern Sie sich um seine Verletzungen und sprechen Sie mit ihm. Begeben Sie sich auf eine Höhe mit dem Verletzten! Ein stehender und uniformierter Helfer wird oft als bedrohlich empfunden. Versorgen Sie einen Verletzten nicht von hinten! Erklären Sie dem Verletzten, was Sie tun, beispielsweise: *„Ich lege jetzt an Ihrem Arm einen Verband an."* Oder: *„Ich lege jetzt eine Decke über Ihre Beine..."* Verzichten Sie auf allgemeine Floskeln wie: *„Das wird schon wieder..."* Beachten Sie die grundlegenden Regeln der Höflichkeit! Stellen Sie sich vor und duzen Sie keinen erwachsenen Verletzten. Vermeiden Sie unnötige Hektik. Der Verletzte bekommt sonst den Eindruck, daß es besonders schlimm um ihn steht. Ein aufgeschlossenes und freundliches Auftreten ermutigt den Verletzten, sich mit Sorgen und Befürchtungen an den Ersthelfer zu wenden. Ihre Sicherheit und Kompetenz wirkt stabilisierend auf den Verletzten.

2. Schirme den Verletzten von Zuschauern ab!

Es wird immer wieder von Verletzten beschrieben, daß sie sich in der Unfallsituation unwohl gefühlt haben, weil sie sich den neugierigen Blicken von Umstehenden ausgesetzt gefühlt haben. Sorgen Sie dafür, daß Schaulustige zurücktreten. Tun Sie es freundlich, aber bestimmt. Wenn Zuschauer stören, können Sie ihnen eine Aufgabe geben, beispielsweise den Rettungswagen einzuweisen, einen Verletzten zu stützen, Zuschauer fernzuhalten. Auch Kollegen können zu Zuschauern werden. Begeben Sie sich zwischen Zuschauer und Verletzten! Sofern nicht wichtige Gründe dagegen sprechen, kann der Streifenwagen als Sichtschutz genutzt werden.

3. Suche vorsichtigen Körperkontakt

Verletzte empfinden leichten Körperkontakt als angenehm und beruhigend. Halten der Hand oder Streichen des Armes wird vor allem von älteren Menschen als positiv empfunden. Berührungen am Kopf können als unangenehm bewertet werden. Durch den Körperkontakt zeigen Sie dem Verletzten, daß Sie für ihn da sind und den Kontakt aufrechterhalten wollen. Achten Sie darauf, ob der Körperkontakt vom Verletzten als angenehm bewertet wird! Fragen Sie den Verletzten, ob es ihm angenehm ist, wenn Sie seine Hand oder Schulter berühren!

4. Sprich und höre zu!

Oft ist es möglich, durch kleine Handreichungen oder Hilfeleistungen, die Situation des Verletzten wesentlich zu verbessern. Fragen Sie daher den Verletzten nach seinen Bedürfnissen und gehen Sie auf seine Wünsche ein! Schon eine kleine Veränderung der Lagerung des Verletzten oder ein Öffnen enger Kleidung kann deutlich schmerzlindernd wirken. Manchmal möchten Verletzte wichtige Gegenstände aus ihrem Fahrzeug haben. Die Erfüllung solch kleiner Wünsche gibt dem Verletzten das Gefühl von Sicherheit und Kontrolle seiner Situation. Beantworten sie die Fragen des Unfallopfers konkret, aber vorsichtig. Beispielsweise so: *„Mein rechtes Bein tut so weh. Was ist mit meinem Bein, ich kann es kaum bewegen!" „Ihr Bein ist verletzt. Ich habe an der Wunde einen Verband angelegt. Ihr Bein muß aber im Krankenhaus noch weiter untersucht und behandelt werden. Der Krankenwagen ist schon unterwegs und wird gleich bei Ihnen sein."* Sprechen Sie auch von sich aus, vermeiden Sie aber Vorwürfe und furchterregende Diagnosen! Fragen Sie den Verletzten, ob jemand benachrichtigt werden soll.

Wenn Sie einen Verletzten verlassen müssen, sorgen Sie dafür, daß ein anderer Helfer sich um den Verletzten kümmert und der Verletzte nicht allein gelassen wird. Schon in sehr kurzer Zeit hat ein Unfallopfer eine Bindung zu „seinem" Helfer aufgebaut. Wenn Sie ihn verlassen, könnte bei dem Verletzten Angst erzeugt werden. Erklären Sie daher dem Unfallverletzten, daß Sie ihn jetzt aus wichtigen Gründen verlassen müssen, und übergeben Sie ihn an einen anderen Helfer, der sich weiter um ihn kümmert. Vermeiden Sie Gespräche über das Unfallopfer in dessen Nähe! Äußerungen können mißverstanden werden und zu einer Verschlechterung des psychischen Zustandes führen.

Die vorgenannten Regeln gelten auch für den Umgang mit Bewußtlosen. Es ist nicht davon auszugehen, daß Bewußtlose wahrnehmungslos sind.

Verkehrsunfall mit Todesfolge

Bei etwa zehntausend Menschen, die im Zusammenhang mit einem Verkehrsunfall sterben, wird die Aufgabe, einen Sterbenden zu begleiten, auch auf Polizeibeamtinnen und -beamte zukommen. In der Regel werden am Unfallort alle medizinischen Maßnahmen getroffen, um das Leben des Verletzten zu retten. Zu oft sind die Maßnahmen ohne den gewünschten Erfolg, die Verletzungen zu schwer, es besteht keine Aussicht auf Heilung mehr. Der Verletzte wird in Kürze sterben. Die persönliche und mitfühlende Begleitung Sterbender ist ein Gebot der Menschlichkeit. Das Gespräch mit Sterbenden am Unfallort ist ein sehr komplexes Geschehen: Völlig unterschiedliche Menschen sehen sich zum ersten Mal in einer Situation, die sich nicht wiederholen wird. Es gibt keine zweite Chance, einem Sterbenden beizustehen. Fragen und Unsicherheiten werden deutlich, es bleibt in der aktuellen Situation aber keine Zeit, die Fragen zu beantworten und Sicherheit zu schaffen.

Für die Konfrontation mit der Realität des Todes anderer und der Begleitung Sterbender ist es daher wohl unumgänglich, sich mit dem eigenen Sterben und der eigenen Einstellung zum Sterben zu befassen. Ein Thema, das am ehesten in den Bereich der Berufsethik hinein gehört, für das es aber keine Patentlösungen geben wird. Der persönliche Hintergrund, die eigene Lebensgeschichte und eigene religiöse Bindungen beeinflussen den Umgang mit Sterbenden. Es gibt keine Sterbebegleitung „von Amts wegen", die sich in einer Dienstanweisung festlegen läßt. Die Begleitung Sterbender ist also nicht Amtspflicht, sondern individuelle menschliche Aufgabe. Daher können die nachfolgenden Überlegungen nur Denkanstöße sein, die einen Prozeß von Überlegungen, Standortbestimmungen und vielen Fragen beginnen lassen können. Aus eigener Erfahrung möchte ich dazu ermutigen, sich diesem Prozeß zu stellen und nicht die Augen vor dem Sterben anderer Menschen zu verschließen. Es kann sein, daß jeder für sein Leben wichtige Erkenntnisse gewinnt.

Einige Überlegungen für den Umgang mit Sterbenden

Sterbende haben das Recht zu erfahren, wie es mit ihnen steht und was mit ihnen geschieht.

Es ist von großer Bedeutung, Sterbenden gegenüber ehrlich zu sein. Unaufrichtigkeit wird schnell bemerkt und stört die Beziehung, die nur von begrenzter Dauer sein wird. Meistens spüren Sterbende ihren bedrohlichen Zustand genau. Aufrichtigkeit bedeutet nicht, brutale Wahrheiten brutal auszusprechen, sondern sie zutreffend auf die Frage des Sterbenden hin darzustellen. Fast jede schlimme Nachricht hat, wenn man genau hinsieht, auch noch einen kleinen Funken Hoffnung. Aber: Reden Sie die Situation nicht schön, sondern fragen Sie nach den Wünschen des Sterbenden. Ihr Gegenüber möchte sich auf den letzten Abschnitt seines Lebens vorbereiten können, will Ihnen vielleicht noch etwas sagen, was seinen Angehörigen mitgeteilt werden soll.

Das Wichtigste, was Sie dem Sterbenden geben können, ist Ihre Nähe und das Angebot, ihn auf seinem Weg zu begleiten. Manchmal kann es hilfreich sein, zu überlegen, was Ihnen selbst in einer solchen Situation wichtig ist, und es dem Sterbenden anzubieten. Er wird meist deutlich machen, was er wünscht. Das Wichtigste, was Sie dem Sterbenden geben können, ist Ihre Gegenwart.

Körperkontakt ist wichtig.

Die Würde des Sterbenden muß geachtet werden.

Schirmen Sie den Sterbenden vor Neugierigen ab und sorgen Sie für Ruhe.

Die religiösen Bedürfnisse des Sterbenden müssen respektiert werden.

Sorgen Sie dafür, daß, falls gewünscht, ein Seelsorger an den Ort des Geschehens gebracht wird, auch unter schwierigen Umständen. Falls der Sterbende es wünscht, und Sie dazu in der Lage sind, beten Sie mit ihm.

Für den Umgang mit Bewußtlosen oder klinisch Toten ist von Bedeutung, daß solche Menschen mehr wahrnehmen können, als wir glauben. Insbesondere das Gehör ist sehr lange funktionsfähig. Befragungen von Patienten einer Intensivstation, die lange Zeit bewußtlos waren, haben dabei erstaunliche Ergebnisse hervorgebracht. Mitfühlende Berührungen und gute Worte können Menschen noch weit hinter der Bewußtseinsgrenze erreichen.

3.2 Umgang mit Fremden

Bisher wurden Belastungsfaktoren betrachtet, die unmittelbar aus den fachlich-inhaltlichen Bedingungen spezifischer Tätigkeitsbereiche resultieren. Hinzu treten in der täglichen Praxis solche, die sich aus strukturellen Bedingungen des Arbeitsumfeldes ergeben. Daraus entsteht ein Wirkzusammenhang, dessen einzelne Faktoren in ihrer spezifischen Bedeutsamkeit für den erlebten Streß kaum exakt voneinander zu unterscheiden sind. Für den erlebten Arbeitsalltag ist entscheidend, daß sich diese einzelnen Belastungsmomente potenzieren und den Polizeibeamten zu Verhaltensweisen motivieren können, die mit dessen beruflichem Auftrag und dessen beruflicher Stellung nicht vereinbar sind. Die Folgen dieses Verhaltens – das situativ erleichternde Funktion haben mag – wirken sich mittelfristig wiederum direkt oder indirekt belastend für den betroffenen Beamten aus.

Dieser Zusammenhang wurde aufgezeigt in einer Untersuchung zu Belastungen von Polizeibeamten im Umgang mit Fremden, die auf Anregung der Innenministerkonferenz durch die Polizeiführungsakademie in Münster-Hiltrup durchgeführt wurde (Bornewasser/Eckert 1995). Ansatz und Ergebnisse dieses Forschungsprojekts sollen im folgenden skizziert werden, da sie hervorragend in den Kontext des vorliegenden Beitrags passen und den oben erwähnten Zusammenhang exemplifizieren. Anders als die teilweise dramatisierende Medienberichterstattung der Ergebnisse suggerierte, bezog sich der Ansatz der zitierten Studie nicht auf die quantitative

Erfassung von fremdenfeindlichen Einstellungen oder Verhaltensweisen der Polizei. Vielmehr sollten diejenigen Belastungsfaktoren untersucht werden, aus denen fremdenfeindliche Haltungen und Emotionen resultieren oder die diese verstärken. Als Datengrundlage dienten die Angaben von Polizeibeamten, die über ihre Erfahrungen im Handlungsfeld „Umgang mit Fremden" in Workshops, organisiert und durchgeführt an den Universitäten Trier und Münster, berichteten. Die Gruppen setzten sich zusammen aus Angehörigen der Schutz- und Kriminalpolizei, Bereitschaftspolizisten und Führungskräften. Die Arbeit in städtischen Problemgebieten und weniger belasteten Regionen wurde vergleichend mit einbezogen. Genau wie es dem Ansatz des vorliegenden Beitrags entspricht, wurde Fremdenfeindlichkeit unter dem Aspekt einer „inadäquate(n) Bewältigungsreaktion auf Streß" (Dies. 1995, 19) betrachtet und arbeitshypothetisch als „motivierte Bereitschaft (...), sich gegenüber Personen, die nicht dem eigenen Volk oder der eigenen Nation angehören und die vorübergehend oder auf Dauer im eigenen Land leben, abwertend, abweisend und diskriminierend zu verhalten" (Dies. 1995, 11). Die hier sogenannten fachlich inhaltlichen Belastungsfaktoren, also diejenigen, die sich als Spezifikum der konkreten Arbeitsaufgaben oder Einsatzlagen ergeben, wurden in der zitierten Studie als „kritische(s) Grundverhältnis von Polizeibeamten und fremden Tatverdächtigen oder Straftätern" (Dies. 1995, 31) bezeichnet, resultierend aus dem Grundkonflikt, der jede polizeiliche Konfrontation mit Tatverdächtigen oder Straftätern kennzeichnet und der entsteht aus der repressiven Funktion der Polizei und dem Bedürfnis des Gegenübers nach Sanktionsvermeidung. Dieser wird zusätzlich verschärft durch (nicht polizeispezifische) ethnozentristische Tendenzen.

Die Belastungsfaktoren, die diesen Grundkonflikt zusätzlich kennzeichnen, werden in der Ergebnisübersicht des Forschungsberichts wie folgt klassifiziert:

- „Allgemeine Belastungen aus der polizeiinternen Organisation
- Diskreditierung des Wach- und Wechseldienstes, Personalausdünnung im Wach- und Wechseldienst, Entwertung des gehobenen Dienstes, unsichere Zukunft infolge von Neuorganisation, Statusverlust von Beamten, unzureichende Nachsorge
- Belastungen, die aus externen Faktoren resultieren (Frustration durch Justiz, Hilflosigkeit infolge politischer Entscheidungen, Verunsicherung durch Medien, Irritation durch Berufsbild, mangelnder Kontakt zu Behörden)
- Spezifische organisatorische Belastungen aus dem Umgang mit Fremden heraus (Mehrarbeit, Infragestellung der polizeilichen Erfolge, Alleingelassenheit, Tabuisierung, Etikettierung, Disziplinarrechtliche Sanktionen)" (Dies. 1995, 31).

Entsprechend wird die Forderung erhoben, Lösungen im Hinblick auf diesen **multifaktoriellen Ursachenzusammenhang** zu entwickeln. Das heißt, auf den Ebenen Aus- und Fortbildung, Personalentwicklung, Polizeiorganisation und Kooperation mit anderen Behörden gleichzeitig auf die Problematik zu reagieren. Im Zusammenhang des vorliegenden Beitrags ist dabei besonders auch die Empfehlung sogenannter runder Tische zu verweisen, die „geeignete Maßnahmen zur Vermeidung der Distanz zwischen Polizei und Justiz sowie anderen Behörden darstellen können. An diesen runden Tischen, die als Workshops zu konzipieren sind, sollten z. B. Justiz- und Polizeibeamte zusammenkommen, um gemeinsam über ihre kooperative Beziehung zu beraten. Ein zentrales Nebenziel solcher Workshops ist es auch, das Berufsbild des Polizeibeamten zu schärfen" (Dies. 1995, 39). Die Effizienz derartiger Möglichkeiten zum interinstitutionellen Austausch wurde bereits im Zusammenhang mit entsprechenden Versuchen im Bereich der Sexualstraftaten beschrieben, auch unter Bezugnahme auf den Effekt der deutlicheren Wahrnehmung des eigenen beruflichen Profils, die Aufgabenabgrenzung und damit Entlastung möglich macht. Gerade aus diesem Arbeitsbereich kommen Klagen, die sich auf die mangelnde fachliche Vorbereitung und Unterstützung im Zusammenhang mit ausländischen Bürgern ergeben, und zwar sowohl in Hinblick auf den Umgang mit Tätern als auch mit Opfern. Sprachbarrieren und mangelnde Kenntnisse spezifischer ethnischer oder nationaler „Mentalitäten" verhindern hier häufig jeden Zugang.

Entsprechend der im vorliegenden Beitrag fokussierten Streßthematik geht auch die zitierte Studie von zwei grundsätzlich wahrscheinlichen Bewältigungsstrategien aus. Dabei „(kann) eine erste Tendenz allgemein als Aggression beschrieben werden. Die kumulativen Belastungen resultieren in einer gesteigerten Emotionalität gegenüber fremden Tatverdächtigen, die bereits angesichts relativ geringfügiger Anlässe und Provokationen zu Konflikteskalationen beiträgt. Der Fremde wird zum Sündenbock, auf den Aggressionen unbewußt verschoben werden und von dem angenommen wird, daß ihn das ereilt, was er auch verdient hat. Gerade angesichts der mangelnden Erfolgsaussichten bei der legalen Abwicklung des Falles kann es hier auch rasch zu ersatzjustitiellen Übergriffen kommen. Eine zweite Tendenz kann allgemein als Resignation beschrieben werden. Die kumulativen Belastungen führen zu einer zunehmend gleichgültigen Haltung, die zum frühzeitigen Wegschauen und Nichteingreifen führen. Subjektiv betrachtet lohnt der Einsatz nicht mehr, sind die Risiken der Gefährdung, des Mißerfolgs und der Kritik größer als die Erfolgsaussichten" (Dies. 1995, 32-33).

Die besondere **Problematik für den Polizeibeamten** resultiert aus dessen Funktion, im Konfliktfall gegen den (fremden) Straftäter vorgehen zu müssen und sich dabei nicht zuletzt dem **Erwartungsdruck einer Öffentlichkeit** ausgesetzt zu sehen, die den Umgang staatlicher Institutionen mit ausländischen Bürgern zum Maßstab gesellschaftlich adäquater Einstellungen erhebt und hier Modellcharakter erwartet. Abgesehen davon, daß diese Erwartungen – entgegen einer sozial und politisch erwünschten „herrschenden Meinung" – keineswegs homogen sind, machen sie den öffentlich agierenden Polizeibeamten zum Stellvertreter – und damit oft auch zum

Sündenbock – anderer Verantwortlichkeiten. Dies produziert zusätzliche Frustrationserlebnisse, die zu Verhaltensweisen verführen, die sich mit dem Garantenstatus des Polizeibeamten nicht verbinden lassen. Umgekehrt kann das Bemühen um eine effektive Unterstützung des Polizeibeamten bei der Bewältigung konflikthafter Situationen mit Fremden auch als Maßstab dafür herangezogen werden, ob und mit welcher Ernsthaftigkeit fremdenfeindliche Einstellungen und Reaktionsmuster im politischen und gesellschaftlichen Kontext begegnet werden soll.

3.3 Umgang mit Opfern von Alltagskriminalität

Die Belastungen, denen Polizeibeamte in ihrem beruflichen Alltag ausgesetzt sind, sowie Möglichkeiten, diese zu reduzieren, stehen im Mittelpunkt des vorliegenden Beitrags. Gleichzeitig geht es dabei aber auch darum, aufzuzeigen, wie sich die Unterstützungsaufgaben, die sich aus dem Arbeitsfeld des Polizeibeamten ergeben, zum Wohle der Betroffenen realisieren lassen. Wie bereits gezeigt wurde, stehen diese beiden Aspekte dabei häufig in einem interdependenten Zusammenhang. Das heißt, Kenntnisse, Fähigkeiten und strukturelle Bedingungen, die eine optimale Unterstützung von Opfern ermöglichen, sind gleichzeitig als Faktoren einer effektiven Burnout-Prophylaxe und damit als Hilfestellung für den Polizeibeamten selbst anzusehen.

Dies gilt überall dort, wo Polizeibeamte sich in **Kontakt mit Opfern** befinden, allerdings in weit unterschiedlichem Maße. Es entspricht der Lebenserfahrung und bedarf keiner weiteren Erläuterung, daß die Konfrontation mit einem Kind, das dem jahrelangen Mißbrauch durch eine enge Bezugsperson ausgesetzt war, oder mit einem Menschen, der bei einem Verkehrsunfall schwer(st) verletzt wurde, eine hohe emotionale Belastung für den zuständigen Beamten darstellt. Ebenso selbstverständlich ist, daß emotionale Belastungen in Folge eines Bagatellunfalls auf Seiten der Polizei nicht zu erwarten sind und daß sich innere Betroffenheit bei der Aufnahme bzw. Bearbeitung eines Tageswohnungseinbruchs ebenso kaum einstellen wird. Bei einer derartigen Routineaufgabe wird sich hier vermutlich allenfalls der emotionale Impuls, „den Tatort schnell hinter sich zu bringen", einstellen. Es stellt sich allerdings die Frage, wie sich diese tägliche Routinearbeit gestalten sollte, ohne dabei die berechtigten Interessen der Geschädigten zu vernachlässigen. Diese Interessen liegen immer – und oft (scheinbar) ausschließlich in der materiellen Schadenswiedergutmachung, für die die polizeiliche Tatortarbeit häufig eine Voraussetzung darstellt. Ein erster Konflikt kann hier aus der Tatsache resultieren, daß eine genaue und korrekte polizeiliche Arbeit unter diesem Aspekt für die Betroffenen sogar kontraproduktiv sein kann, wenn sich etwa Versicherungsgesellschaften den Ersatzansprüchen der Geschädigten widersetzen, falls diese bestimmte Sorgfaltspflichten (Verschließen von Fenstern und Türen etc.) nicht beachtet haben. Dies geht in der Regel aus dem polizeilichen Bericht über den vermutlichen Tathergang hervor. Dieses Problem ist allerdings kein polizeiliches und sollte auch nicht als solches angenommen und erst recht nicht in wohlmeinender Absicht „zu umgehen" versucht werden. Das Bedürfnis nach Schadensregulierung ist in der Regel allerdings nur eines neben anderen Befindlichkeiten des Betroffenen. Die eigene Wohnung aufgebrochen, „durcheinander gewühlt" und oft gar absichtlich verwüstet vorzufinden bedeutet für den Betroffenen eine Verletzung seines privaten Lebensbereichs, auf die er mit Ärger, Wut und Empörung reagiert. Besonders wenn dies nach kurzer Abwesenheit geschieht, stellt sich zusätzlich das Gefühl ein, diesen Lebensbereich offenbar völlig unzureichend schützen zu können und/oder permanenter Beobachtung ausgesetzt zu sein. Hinzu kommt fast immer die Frage, *„was wohl passiert wäre, wenn die gekommen wären, wenn ich zu Hause gewesen wäre"*. Und diese Frage berührt tiefgreifende Ängste vor Gewalteinwirkungen auf die eigene Person oder Familie. Die Erwartungen der Betroffenen an die Polizei richten sich also tatsächlich auf mehr als die erwartete Schadensregulierung. Dies wird häufig nicht einmal deutlich, da die meisten Betroffenen durchaus um die polizeilichen Aufgaben und die begrenzten Möglichkeiten der Täterauffindung wissen sowie darum, daß ihre Ängste mit sehr geringen Eintrittswahrscheinlichkeiten für tatsächliche gewaltsame Überfälle in Wohnungen verbunden sind. Derartige statistische Wahrscheinlichkeiten sind jedoch für den Betroffenen emotional und für den Einzelfall ja auch tatsächlich fast völlig bedeutungslos und werden bestenfalls als Selbstberuhigungsstrategien herangezogen. Aus diesem Widerspruch resultiert ein bewußt gefaßtes und rational gesteuertes Auftreten gegenüber der Polizei aus Scham vor den eigenen Gefühlen, das jedoch durchaus mit anderen Verhaltenserwartungen an die Polizeibeamten verbunden ist. Diese Verhaltenserwartungen sind für die Polizeibeamten natürlich schwer erkennbar. Die mit einem Wohnungseinbruch verbundenen emotionalen Beeinträchtigungen sind oft gerade für Polizeibeamte schwer nachzuvollziehen, da sie den Einzelfall vor dem Hintergrund der relativen Häufigkeit des Delikts und zweitens angesichts der Konfrontation mit schwerwiegenderen Straftaten relativieren. *„Ich dachte immer, was machen die für ein Theater bei einem Wohnungseinbruch, bis bei mir selbst eingebrochen wurde."* Das vorangestellte Zitat eines Polizeibeamten mag die unterschiedlichen Perspektiven der Beteiligten veranschaulichen.

Zuerst und eigentlich erwartet der **Geschädigte** also, von der **Polizei ernst genommen** zu werden. Dies bedeutet z.B., daß Erklärungen für ein aus der Betrachtung des Betroffenen spätes Eintreffen der Beamten abgegeben werden. Läßt sich dieses absehen, sollte bereits beim Anruf des Geschädigten von der Leitstelle aus darauf hingewiesen werden. Auf jeden Fall sollte der Geschädigte die Gelegenheit erhalten, den – meist leicht erkennbaren – Sachverhalt zu schildern, bevor präzisierende Fragen (etwa nach dem Zeitraum der Abwesenheit usw.) gestellt werden. Dies vermeidet den Eindruck bloßer Routinefragen. Maßnahmen der Spurensicherung werden oft nicht in dem vom Betroffenen erwarteten Umfang oder nicht mit den vor dem Hintergrund des „Krimiwissens" erwarteten Mitteln durchgeführt. Dies sollte erklärt und die durchgeführten Maßnahmen verbalisiert werden. (Bsp.: *„Wir wollen versuchen, Fingerabdrücke von der Terrassentür zu nehmen, da Glas ein guter Spurenträger ist."*) Gleiches gilt für durch den Fachmann oft schnell erfaßte Tatmerkmale, deren Registrierung dem Betroffenen oft gar nicht auffällt. (Bsp.: *„An dieser Spur erkennen wir, daß vermutlich mit einem einfachen Schraubenzieher gearbeitet wurde."*) Wesentlich ist es auch, eine Erklärung über den Gesamtzusammenhang polizeilicher Maßnahmen abzugeben, um diese nicht im nachhinein lediglich als erfolgloses Bemühen um die Aufklärung des Einzelfalls erscheinen zu lassen. (Bsp.: *„Sie wissen, daß es nicht sicher ist, ob wir den Täter ausfindig machen werden. Trotzdem sind für uns die Spuren aus Ihrer Wohnung wichtig. Wir werden sie mit Spuren aus anderen Tatorten vergleichen, um möglicherweise im Rückschluß jetzt oder später verschiedene Einbrüche einander und einem bestimmten Täter zuordnen zu können."*) Für das Bedürfnis nach Schutz und Wiederherstellung der Unversehrtheit der eigenen Privatsphäre ist es wichtig, die Geschädigten über adäquate technische Präventionsmöglichkeiten aufzuklären. Dabei ist entscheidend, daß dies immer mit zukunftsweisender Blickrichtung geschieht und nicht den Charakter des Vorwurfs, sich bisher nicht ausreichend gesichert zu haben, annimmt.

Die dargelegten Verhaltensempfehlungen beziehen sich sämtlich auf die Wiederherstellung des Sicherheitsgefühls des Betroffenen. Es sollte nicht außer acht bleiben, daß polizeiliches Auftreten in Situationen wie der beschriebenen maßgeblich zur Akzeptanz der Polizei beiträgt und somit bereits als ein Teil polizeilicher Öffentlichkeitsarbeit angesehen werden kann. Die Chance, hier einmal nicht als Gegenpart in einer Konfliktsituation – wie das für die meisten polizeilichen Begegnungen gilt – aufzutreten, sollte in diesem Sinne nicht vergeben werden. Im hier zu diskutierenden Kontext bedeutet dies auch, zu der Reduzierung der Belastungen beizutragen, die dadurch entstehen, daß Polizeibeamte negative Einstellungen seitens der Bevölkerung erwarten. Sich den Betroffenen gegenüber zugewandt und unterstützend zu verhalten wird von diesen mit hoher Wahrscheinlichkeit erwidert werden. Die Betitelung der Ausführungen dieses Kapitels mit „Alltagskriminalität" bereitete den Autoren einiges Unbehagen. Zum einen ist sie in dem hier zu beschreibenden Kontext mißverständlich. Wenn Belastungsfaktoren gekennzeichnet wurden, denen Polizeibeamte ausgesetzt sind in Deliktsbereichen, die durch die Konfrontation mit schwerst geschädigten Menschen gekennzeichnet sind, ist dies Bestandteil der alltäglichen Arbeit dieser Sachbearbeiter und ja auch gerade deswegen so belastend. Derartige Delikte gehören – zumindest im Hellfeld! – nicht zu den häufigen und damit alltäglichen Vorkommnissen und sind deswegen von dieser Titulierung ausgeschlossen. Damit erhält diese Titulierung zum zweiten eine Wertung, die sich nicht nur auf die Quantität, sondern auch auf die Qualität der Ereignisse bezieht und schnell den Beigeschmack des „eben Hinzunehmenden" oder Normalen annimmt. Daraus resultiert häufig auch eine Bewertung polizeilicher Aufgaben bezüglich der Kategorie der Bedeutsamkeit, die für den einzelnen zu einer gewissen Abwertung der eigenen Arbeit beitragen mag und damit ebenfalls Frustrationspotential enthält. Dies gilt in noch stärkerem Maße für polizeiliche Routinemaßnahmen, die nicht unmittelbar mit dem Strafverfolgungsauftrag in Zusammenhang stehen. Als Beispiel mag hier die Situation „Verkehrskontrolle" stehen.

3.4 Arbeitssituation Verkehrskontrolle

Wie bereits einleitend erwähnt, entstehen hier häufig Frustrationen aufgrund von Aufträgen, die für den betroffenen Beamten nicht nachvollziehbar sind. Andererseits ergeben sich bei Verkehrskontrollen häufig Konflikte, die in der Unverhältnismäßigkeit der Reaktionen auf beiden Seiten liegen. Der Verkehrsteilnehmer, der durchaus positiv der Polizei gegenüber eingestellt sein mag, empfindet die Verkehrskontrolle, in die er gerät, immer als unangenehm, mindestens aber im Hinblick auf den erforderlichen Zeitaufwand als lästig. Meistens stellt sich auch diffus das Gefühl, „ertappt" worden zu sein ein, da kaum jemand von sich behaupten wird, sich zu jeder Zeit vorschriftsmäßig zu verhalten. Die einleitenden *Worte „Wir führen eine Verkehrskontrolle durch und weisen Sie darauf hin, daß ...",* oder *„... haben Sie stichprobenhaft erfaßt, um zu überprüfen, ob ..."* benennen den formalen Rahmen und damit die Spielregeln der Situation und signalisieren dem Verkehrsteilnehmer gleichzeitig, daß er hier akzeptierter und gleichzeitig verantwortlicher Partner dieser Situation ist. Die möglicherweise in verkehrserzieherischer Absicht geäußerte Einstiegsfrage *„Wissen Sie eigentlich, warum wir Sie anhalten?"* ist dagegen eher kontraproduktiv im Hinblick auf die Absicht der Aggressionsvermeidung. Sie versetzt den Verkehrsteilnehmer entweder in die Situation des „dummen Schülers, der nicht einmal weiß, was er falsch gemacht hat", oder in die des „Gesetzesübertreters, von dem man wenigstens das Eingeständnis seines Frevels erwartet". Beides ist hervorragend geeignet, Abwehrreaktionen zu provozieren, die sich dann wiederum in aggressivem Verhalten gegenüber dem Polizeibeamten auswirken und damit eine Eskalation der Situation in Gang setzen können. Selbstverständlich gehen aggressive Bemerkungen von Verkehrsteilnehmern aus, auch ohne daß der Beamte dazu Anlaß gegeben hätte, und es ist verständlich, daß der Drang entsteht, diesen zu begegnen. Dies ist nicht nur verständlich und zulässig, sondern auch unter Umständen äußerst sinnvoll, um einen verbalen Schlagabtausch zu beenden, zu dem sich der Verkehrsteilnehmer mangels anderer Möglichkeiten und oft aufgrund der Rolle, in die er sich gedrängt fühlt, veranlaßt sieht. Es ist Aufgabe der Ausbildung, derartige Kommunikationsprozesse zu thematisieren und adäquate Strategien zu trainieren. Hier sollte auch die eingangs geäußerte Überlegung zur Einordnung der Situation in der Hierarchie polizeilicher Aufgabenbewertung Eingang finden. In der internen Aufgabenbewertung kommt der Verkehrskontrolle eine relativ geringe Bedeutsamkeit zu. Diese Bewertung wird im übrigen durch den Verkehrsteilnehmer in aller Regel geteilt und mitunter zur Angriffsstrategie benutzt („Ihr solltet lieber Terroristen/Kinderschänder/Verbrecher jagen."). Es entsteht mitunter der Eindruck, als würde dieser Einschätzung durch die betroffenen Beamten kompensatorisch durch eine Überbewertung begegnet. Es sollte hier eine **Entkrampfung** angestrebt werden, in dem Sinne, daß dem Beamten bewußt wird, daß er hier als Teil eines **Settings** (= engl. Rahmen, die Gesamtheit der Umgebungsmerkmale, in deren Rahmen dieser Prozeß abläuft) fungiert, dessen präventive Wirkung im wesentlichen aus dessen Existenz resultiert und nicht unbedingt für dem tatsächlich betroffenen Verkehrsteilnehmer gilt. In diesem Sinne sollte die Verkehrskontrolle mehr als Dienstleistung für besonnene und angepaßte Verkehrsteilnehmer und nicht primär als Maßnahme gegenüber den Übertreter von Vorschriften aufgefaßt werden. Für die Glaubwürdigkeit eines derartigen (Selbst-)Verständnisses ist es natürlich unabdingbar, Kontrollpunkte tatsächlich nicht nur entsprechend der zu erwartenden Häufigkeit von Übertretungen zu installieren, sondern vor allem in Hinblick auf deren Gefährdungspotential, also beispielsweise an Haltepunkten öffentlicher Verkehrsmittel, vor Schulen und Kindergärten. Dies stünde auch im Dienste des landespolitisch formulierten vorrangigen Ziels, „der Reduzierung der Straßenverkehrsunfälle mit Kindern" (IM NRW 27.10.1994: Zielvorgaben 1995, fortgeschrieben für 1996 und 1997). Zusätzlich sollten auch personalorganisatorische Überlegungen einfließen, etwa die, junge Beamte, deren Tätigkeit stark von derartigen Aufgaben geprägt ist, frühzeitig in die Konzeption und Durchführung von Verkehrserziehungsprogrammen einzubeziehen. Hier bestünde die Möglichkeit, einzelne polizeiliche Aufgaben in großen Kontexten zu erfahren und damit als sinnvoll zu erleben.

3.5 Arbeitsbereich polizeiliche Prävention

Der Kontext ist im obigen Beispiel der der polizeilichen Präventionsarbeit. Präventive Tätigkeiten der Polizei sind ihrer Natur nach auf Menschen gerichtet, die mit einer gewissen statistischen Wahrscheinlichkeit Opfer von Verbrechen oder Unfällen werden können oder dies von sich annehmen. Zielgruppe sind also „ganz normale Bürger", denen in aller Regel bisher die Erfahrung mit der befürchteten Situation erspart blieb. Aus polizeilicher Sicht bedeutet dies, daß die den Berufsalltag prägende und die Wahrnehmung strukturierende Täter/Opfer-Kategorie hier entfällt. Gleichzeitig entfällt die der polizeilichen Arbeitssituation immanente Konflikthaftigkeit, was mit einem spezifischen und in der Regel positiven Rollenverständnis für den hier tätigen Polizeibeamten verbunden ist. Daraus darf allerdings nicht vorschnell der Schluß gezogen werden, daß Präventionsarbeit keine Belastungsfaktoren für den betroffenen Polizeibeamten enthalte. Gerade hier läßt sich besonders intensiv erfahren (und deswegen aufzeigen), welche entscheidenden Einflüsse strukturelle Bedingungen der Arbeit für die Möglichkeiten zu deren Realisierung und damit für die Arbeitszufriedenheit haben.

Arbeitsbereich polizeiliche Prävention

Die Erfolge polizeilicher Präventionsmaßnahmen lassen sich kaum exakt und eindeutig messen, da beispielsweise Unfall- oder Kriminalstatistiken ihrem Wesen nach Auskunft über tatsächlich erfolgte oder zumindest angezeigte Taten und Vorfälle geben. Nicht einmal der korrelative Zusammenhang zwischen verstärkten Präventionsmaßnahmen und dem Absinken entsprechender Fallzahlen in den einschlägigen Statistiken gibt Auskunft über den vermuteten Kausalzusammenhang, da andere intervenierende Faktoren kaum zu überschauen sind. Es ist denkbar und plausibel, daß präventive Maßnahmen sogar zu statistischen Ergebnissen führen, aus denen ein Anstieg der Fallzahlen, auf die sich die Maßnahmen beziehen, deutlich wird. Dies darf natürlich nicht vorschnell als kontraproduktive Folge dieser Arbeit bewertet werden. In aller Regel spiegeln derartige Daten eine Aufhellung des Dunkelfeldes wider. Dies ist häufig eine Folge gesteigerter Anzeigebereitschaft, die mit der Öffentlichkeitswirksamkeit (polizeilicher) Präventions- und Aufklärungsarbeit einhergeht. Deutlich nachvollziehbar ist dieses Phänomen für den Bereich des sexuellen Mißbrauchs, vermutlich infolge einer erhöhten Publizität und gesteigerter Aktivitäten auf verschiedenen Ebenen.

Die geringe Meßbarkeit polizeilicher Präventionsarbeit macht deren Bedeutsamkeit angreifbar und liefert zumindest Vorwände für eine geringe Akzeptanz. Vor diesem Hintergrund wird deutlich, daß die Qualität polizeilicher Präventionsmaßnahmen und damit auch die Arbeitszufriedenheit in besonderem Maße vom Stellenwert abhängen, der dieser Arbeit behördenintern zugemessen wird. Dabei scheinen sich derzeit zwei Tendenzen abzuzeichnen, von denen die eine als besondere Aufgeschlossenheit und Unterstützung für diesen Aufgabenbereich gekennzeichnet ist. Demgegenüber steht mitunter das genaue Gegenteil, dessen extreme Ausprägung sich in der Einstellung niederschlägt, die Mitarbeiter des KK Vorbeugung als „Reservepersonal" für spontane Zusatzaufgaben etwa in Ermittlungskommissionen zu betrachten. Diese extremen Positionen sind möglicherweise bezeichnend für Zeiten des Umbruchs, in denen sich die Polizei derzeit befindet und die dazu zwingen, das eigene Arbeits- und Auftragsverständnis zu definieren. Tätigkeiten, die mit wenig (behördeninternem) Prestige verbunden sind und entsprechend wenig materielle und personelle Unterstützung erfahren, werden als unbefriedigend erlebt und oft gerade von hoch motivierten Kollegen bald aufgegeben, nicht zuletzt und verständlicherweise aufgrund befürchteter Karrierenachteile. Dies wiederum führt zu weiteren Qualitätseinbußen, die im Sinne der sich selbst erfüllenden Prophezeiung schließlich zu einer objektiv negativen Bewertung des Outputs Anlaß geben.

Gerade aufgrund des spezifischen und traditionell eher **polizeiuntypischen Charakters der Präventionsarbeit** sind die involvierten Beamten in besonderem Maße gezwungen, konzeptionell zu arbeiten. Dies setzt den Willen zu Innovationen ebenso voraus wie die Fähigkeit, diese sinnvoll umzusetzen. Dies erfordert z.B. genaue Zielgruppenanalysen, die Kenntnis methodisch didaktischer Einwirkungsmöglichkeiten auf diese Zielgruppen sowie in besonderem Maße die Bereitschaft und Fähigkeit zur Kooperation mit externen Behörden und Institutionen. Dies schließt die Bereitschaft zur gelegentlich konfrontativen Auseinandersetzung ein, wie sich am Beispiel des Arbeitsbereichs Schule verdeutlichen läßt. Polizeiliche Interventionsmaßnahmen sind schlicht zu teuer, um als Lückenfüller für ausfallenden Unterricht oder die Gestaltung einer thematisch entsprechenden Projektwoche herzuhalten. Die Effizienz polizeilicher Angebote hängt sehr wesentlich davon ab, wie diese in den sozialen und didaktischen Gesamtkontext des Schullebens integriert sind. Dies setzt gelegentlich bei betroffenen Lehrern einen Bewußtseinswandel voraus, der maßgeblich davon abhängt, wie deutlich der Polizeibeamte seine Angebote von bestimmten Voraussetzungen abhängig macht. Umgekehrt natürlich auch von dessen Bereitschaft, sich auf die Bedingungen der Schüler und der Schule einzulassen, und das heißt, diese zunächst einmal kennenzulernen. Wesentlich sind dabei klare Zieldefinitionen der eigenen Arbeit und die Bereitschaft, diese in Auseinandersetzung mit den Vertretern der Institution Schule abzusprechen und gegebenenfalls zu modifizieren. Es müssen Überlegungen darüber folgen, welche Indikatoren für die entsprechende Zielerreichung festgemacht werden können. Die Forderung nach Lernzielkontrolle wird hier bewußt so weich formuliert, da – wie oben bereits erläutert – Präventionsmaßnahmen letztlich auf Verhaltensweisen abstellen, die sich in der außerschulischen Lebenswirklichkeit auswirken und sich damit einer Überprüfung im eigentlichen Sinne entziehen. Mit der Festlegung dieser Ziele sind Überlegungen zu verschiedenen Zielgruppen verbunden (Schüler, Eltern, Lehrer), die wiederum unterschiedliche methodische Ansätze erfordern. Letztlich ist immer zu entscheiden, wie der Polizeibeamte in diesen Prozeß konkret einzubinden ist. Das bedeutet z. B. zu prüfen, ob der Polizeibeamte als Vertreter seiner Institution und vor dem Hintergrund seines fachlichen Wissens allein durch seine Anwesenheit bei den Schülern zur Akzeptanz und Glaubwürdigkeit bestimmter Thematiken beiträgt. Dort, wo er lediglich als „Quasi-Lehrer" fungiert, ist sein Einsatz in Frage gestellt. Hier wäre es besser, sein Engagement im Hinblick auf eine Multiplikatorenschulung zu nutzen.

Es wird deutlich, daß derartige Fragestellungen als Voraussetzung effektiver Präventionsarbeit ohne fachliche Kenntnisse über die Bedingungszusammenhänge des Lernens und Lehrens nicht zu beantworten sind. Hier ist die Fortbildung gefordert, Polizeibeamte mit dem entsprechenden Hintergrundwissen auszustatten und dessen Umsetzung in konkrete Zusammenhänge präventiver Arbeit zu begleiten. Verstärkte Bemühungen in diese Richtung sind derzeit unverkennbar. Der damit verbundene zeitliche Aufwand für den Beamten muß dabei durch die Dienststelle akzeptiert und getragen werden. Dies wiederum hängt maßgeblich von der Bedeutung ab, die der Präventionsarbeit dort zugeschrieben wird.

Ein weiteres Problem wird hier deutlich. Die Schwierigkeiten der Erfolgskontrolle präventiver Maßnahmen setzen sich in der einschlägigen Fortbildung der Beamten fort. Auch hier müssen in besonderem Maße klare

Vorstellungen über Ziele und Inhalte formuliert werden. Das heißt, es muß klar sein, was der Beamte anschließend für welche konkrete Aufgabenstellung können soll und wie diese Ziele zu überprüfen sind. Klare Zielformulierungen wirken sich nicht zuletzt deswegen unterstützend für den Beamten aus, da damit auch Maßstäbe des eigenen Handelns und der eigenen Kompetenz gesetzt werden. Diese können und müssen als Instrument der Selbstwahrnehmung und -bewertung eingesetzt werden. Sie wirken gerade im Sinne der Burnout-Prophylaxe, da – wie bereits dargestellt – klare externe Erfolgskontrollen der eigenen Arbeit nicht zur Verfügung stehen. An diesem Beispiel wird besonders deutlich, was für alle Bereiche der Aus- und Fortbildung gilt und derzeit verstärkt thematisiert wird. Nämlich, daß die Professionalisierung der Mitarbeiter die Professionalität der Aus- und Fortbildung ihrerseits zur Voraussetzung hat. Diese Professionalität manifestiert sich wesentlich an der Überprüfbarkeit und Überprüfung des Outputs (Wilmer 1997).

4 Belastungen in ausgewählten Arbeitsbereichen

Da sich konkrete Arbeitsfelder innerhalb der Polizei erheblich voneinander unterscheiden, ist es – wie bereits mehrfach erwähnt – notwendig, spezifische Belastungsfaktoren und einschlägige Möglichkeiten zu deren Reduzierung zu beschreiben. Dies machte eine Auswahl notwendig, da eine Bearbeitung des Gesamtspektrums polizeilicher Arbeitsbereiche in diesem Zusammenhang unmöglich wäre. Bei diesem Vorgehen entsteht leicht der Eindruck, daß Belastungen ausschließlich für die behandelten Tätigkeitsfelder angenommen würden. Dies ist nicht die Absicht der Autoren. Tatsächlich gibt es innerhalb der Polizei Aufgabenbereiche, die mit einem besonders hohen Risiko für die darin tätigen Beamten verbunden sind, an psychischen Folgen ihrer Arbeit zu erkranken, und zwar überall dort, wo die eigene Tätigkeit mit einer hohen Wahrscheinlichkeit verbunden ist, in für sich selbst und für andere lebensbedrohlichen Situationen zu agieren, man denke hier beispielsweise an die besondere Aufgabenstellung und Auftragslage der Spezialeinsatzkommandos. Gerade dieses Beispiel zeigt jedoch andererseits, daß die mit dem Schußwaffengebrauch gegen andere Menschen oder der Bedrohung des eigenen Lebens verbundenen psychologischen Folgen jeden Polizeibeamten treffen können – wenn auch mit geringerer Wahrscheinlichkeit – und die Ausführungen somit unmittelbar übertragbar sind. Weitere besonders risikobeladene Arbeitsfelder sind solche, in denen die Konfrontation mit Opfern besonders gravierender Straftaten zur täglichen Arbeit gehören. Es bedarf kaum der Erklärung, daß die Schwere der Straftat in diesem Zusammenhang verstanden wird im Sinne der unmittelbaren psychischen und physischen Schädigung, die ein Opfer dadurch erlitt. Gemeint sind primär Gewalt- und Sexualstraftaten. Diese Überlegungen führten zu der Auswahl dieser Arbeitsbereiche für die exemplarische Darstellung. Dabei soll noch einmal deutlich angemerkt werden, daß das Belastungsrisiko hier als besonders hoch eingeschätzt wird im Hinblick auf die gegebenen inhaltlichen Anforderungen des Tätigkeitsfeldes. Im konkreten Fall kann ein Arbeitsplatz, der die Konfrontation mit derartigen menschlichen Extremerfahrungen überhaupt nicht erfordert, letztlich weit schwerwiegendere Risiken für den betroffenen Mitarbeiter bergen, etwa aufgrund täglicher Überforderung durch ein permanent zu hoch angesetztes Arbeitsaufkommen. Umgekehrt erzeugt die persönliche Unterforderung beispielsweise durch eintönige Tätigkeiten ebenso Streßreaktionen. Nicht zu vergessen sind in diesem Zusammenhang die Bedeutsamkeit des Führungsstils oder des Verhaltens unter Kollegen. Derartige – für den einzelnen mitunter mit schweren persönlichen Frustrationserscheinungen verbundene – Belastungsfaktoren sind jedoch weitgehend unabhängig von den spezifischen fachlichen Anforderungen des Arbeitsplatzes und damit auch nicht in diesem Kontext beschreibbar. Ein weitere Aspekt, der zu der Entscheidung für die Fokussierung der im Folgenden zu erörternden Arbeitsbereiche sprach, lag in der doppelten Absicht des vorliegenden Beitrags, nämlich Betreuungsnotwendigkeiten und -möglichkeiten für

Polizeibeamte und solche, die sich ihnen als berufliche Aufgabe stellen, zu beschreiben. Damit gerieten automatisch diejenigen Arbeitsbereiche in den Blick, die durch eine besondere Intensität der Konfrontation mit geschädigten oder verletzten Menschen gekennzeichnet sind. Diese Arbeitsbereiche sollen im folgenden unter folgenden Fragestellungen diskutiert werden:

Welche spezifischen Belastungsfaktoren sind hier zu erwarten?

Welche Abwehr- bzw. Bewältigungsmechanismen werden entwickelt?

Sind diese Mechanismen adäquat, und zwar für die betroffenen Polizeibeamten und für die Menschen, mit denen bzw. für die sie arbeiten?

Welche Vorschläge lassen sich entwickeln im Hinblick auf adäquatere Bewältigungsmechanismen?

Welche Möglichkeiten einer direkten psychosozialen Betreuung sind sinnvoll?

4.1 Sexualstraftaten

4.1.1 Umgang mit Kindern als Opfer

Fallbeispiel 1

KK Schulte führt die Anhörung der 12jährigen Elke durch, die über den fortgesetzten Mißbrauch durch den Onkel berichtet. Er erfährt – von dem kleinen Mädchen stockend vorgetragen – die von ihr geforderten und erlittenen Sexualpraktiken, die außerhalb der Erfahrungswelt des erwachsenen Mannes liegen. Er äußert spontan seine Anteilnahme: „Das hat der wirklich mit dir gemacht!? Mein Gott!" Elke sagt gar nichts mehr.

Fallbeispiel 2

Die 6jährige Maria hat ihrer Mutter anvertraut, daß sie durch den Nachbarn mißbraucht worden sei. Die Mutter erstattet Anzeige, und das Kind soll nun seine Aussage bei der Polizei machen. Zunächst erzählt es gar nichts. Mit viel Geduld und Einfühlungsvermögen gelingt es KK'in Schmitz, das Vertrauen des Mädchens zu gewinnen, das in der Folge immer mehr erzählt und recht präzise Details beschreibt. KK'in Schmitz freut sich über die immer unverkrampftere und offenere Art, in der das Kind berichtet, weil für sie daran deutlich wird, daß diese Anhörung offenbar auch eine psychologisch entlastende Funktion für das Mädchen hat. Maria schaut plötzlich zu Boden und sagt leise: „Manchmal war es auch der Papa." KK'in Schmitz bricht die Anhörung an diesem Punkt ab.

Zwei – keineswegs spektakuläre Beispiele – aus der Berufspraxis eines Sachbearbeiters für Sexualstraftaten. Zwei Beispiele, deren besondere Problematiken, zumindest auf den ersten Blick, möglicherweise nur für den Fachmann erkennbar sind und dessen Arbeitsrealität kennzeichnen.

KK Schulte äußert spontan sein Entsetzen und sein Mitleid mit dem Mädchen. Eine Reaktion, die nicht nur verständlich, sondern überaus sympathisch ist, eine Reaktion, von der man annehmen sollte, daß sie dem Mädchen guttut und es möglicherweise in seiner Aussagebereitschaft unterstützt. Das Gegenteil passiert, und zwar nicht selten. Mißbrauchsopfer, die zu mehr als zwei Dritteln Opfer von Tätern aus dem nahen Lebensumfeld sind, zögern u.a. deswegen häufig mit einer Anzeige bei der Polizei, weil sie glauben, dadurch andere schützen zu können und zu müssen. So ist es nicht selten, daß Mädchen jahrelangen Mißbrauch in der Familie ertragen, damit ihre Geschwister „in Ruhe gelassen" werden. Hinzu kommt häufig die Erfahrung, daß Äußerungen gegenüber der Mutter oder anderen Bezugspersonen von diesen ignoriert oder umgedeutet werden, um die geäußerte Realität nicht zur Kenntnis nehmen zu müssen. Genau diesen Mechanismus glaubt Elke hier in KK Schultes Bemerkung zu entdecken. Dies löst in ihr spontan und unbewußt die gut gelernte Reaktion aus, hier wieder jemanden durch Schweigen zu schützen.

Maria hat die innere Schranke überwunden, das Erlebte zu berichten, und vermutlich hat dies für sie auch tatsächlich entlastende Funktion. Das Vertrauen zu KK'in Schmitz ist so groß, daß sie ihr gegenüber alles sagen will, was wirklich geschehen ist, während sie der Mutter gegenüber noch den Nachbarn als Täter ausgeben mußte, da es für sie psychologisch noch nicht leistbar war, den Vater als Täter anzugeben. Genau in diesem – für das Kind sehr bedeutsamen – Augenblick wird die Anhörung abgebrochen. Korrekterweise, da der Vater zum Beschuldigten wird und mithin auf das Zeugnisverweigerungsrecht der Zeugin aufmerksam gemacht werden muß. Aufgrund des Alters von sechs Jahren wird das Kind über dessen Gebrauch nicht entscheiden können, der Vater als Beschuldigter und die Mutter als dessen Ehefrau dürfen dies nach § 52 Abs. 2 StPO nicht. Damit muß ein Vormundschaftspfleger bestellt werden, der über den Gebrauch des Zeugnisverweigerungsrechts entscheidet. Dies alles wird Maria natürlich nicht verstehen und mit größter Wahrscheinlichkeit tief enttäuscht über den plötzlichen Abbruch des Gesprächs sein. Möglicherweise werden Schuldgefühle hinzukommen, da KK'in Schmitz in dem Moment nicht mehr mit ihr sprechen „wollte", als sie „das mit dem Papa" gesagt hat. Ob Maria diese Aussage je wiederholen und präzisieren wird, ist fraglich.

Die beiden Beispiele machen klar, daß die Anhörung eines Mißbrauchsopfers **sehr präzise Rechtskenntnisse sowie detailliertes psychologisches Hintergrundwissen über den gesamten Deliktsbereich und über entwicklungspsychologische Besonderheiten** erfordert. Das Wissen um einen kommunikationspsychologisch günstigen Vernehmungsverlauf, der den Erfordernissen einer Glaubhaftigkeitsbegutachtung und dem Anspruch, opferschonend vorzugehen, genügen soll, muß hinzukommen. Dieses recht komplexe Wissen ist allerdings nur **eine** Voraussetzung zur Durchführung derartig sensibler Anhörungen. Entscheidender ist hier die Fähigkeit, dies in der konkreten Kommunikationssituation praktisch umsetzen zu können. Wenn man bedenkt, welche – z.T. biographisch entscheidende – Bedeutung dem Ergebnis einer solchen Anhörung für das Opfer, den Täter und auch dem zu Unrecht Beschuldigten zukommt, wird das leider noch immer geäußerte Argument, daß man dies „in der Praxis für die Praxis doch immer noch irgendwie gelernt habe", peinlich. In diesem Zusammenhang steht der beschriebene Arbeitsbereich auch als Positivbeispiel für in der polizeilichen Praxis (und in der politischen Willensbildung!) in den letzten Jahren forcierte Bemühungen um Qualitätsverbesserungen der polizeilichen Arbeit, einschließlich stärkerer Opferzentrierung. Dafür stehen intensivierte Schulungsangebote, die zunehmende Selbstverständlichkeit von Tonbandprotokollierungen in diesem Bereich sowie die Einrichtung spezieller Vernehmungszimmer oder -studios, die eine hervorragende Dokumentation der Anhörung ermöglichen. Eine derartige Dokumentation stellt natürlich wiederum erhöhte Anforderungen an die Sachbearbeiter, deren Vernehmungskompetenz ebenfalls überprüfbar wird. Handelt es sich hier also um Maßnahmen, die den Opfern zugute kommen um den Preis einer stärkeren Belastung der Polizeibeamten? Nein. Die mit den beschriebenen Anstrengungen verbundene Professionalisierung der Polizeibeamten führt zu Verhaltens- und Einstellungssicherheiten, die für die Burnout-Prophylaxe nicht hoch genug eingeschätzt werden können.

Das für die Arbeit in diesem Deliktsbereich notwendige Engagement wird mit zunehmender Sicherheit im Umgang mit erlernbaren Verhaltensweisen vor dem Hintergrund spezialisierten Wissens weniger abhängig vom Grad persönlichen Bemühens und Ausprobierens und damit fachlich kanalisierbar. Vor dem Hintergrund der Professionalisierung zeichnen sich Kriterien für die Adäquatheit eigener Verhaltensweisen ab, die einerseits einen hohen Anspruch setzen. Andererseits wird damit aber auch ein Maßstab an die Hand gegeben zur Beantwortung der latenten Frage, „was man denn sonst noch alles hätte tun können", die zum permanenten Selbstzweifel und damit zum Ausgangspunkt der Burnout-Problematik heranwachsen kann.

Aufgrund ihrer stärkeren Professionalisierung befinden sich Sachbearbeiter der Fachkommissariate im psychologischen Vorteil gegenüber denjenigen Kollegen, die Sexualdelikte unter vielen anderen im sogenannten ersten Angriff bearbeiten müssen, ohne über den entsprechenden Hintergrund zu verfügen. Auf diese Gruppe wird weiter unten ausführlicher eingegangen werden.

Es soll hier nicht der Eindruck entstehen, daß Professionalisierung durch intensivierte Fortbildung den einzelnen Sachbearbeiter grundsätzlich der Notwendigkeit enthöbe, Entscheidungen über sein Verhalten von persönlichen Einschätzungen und Maßstäben unabhängig fällen zu können. Dies kann nicht so sein, da jede Kommunikationssituation, und das heißt, jeder menschliche Kontakt, wesentlich von den persönlichen und situativen Besonderheiten der konkreten Begegnung geprägt ist. Gerade deswegen ist die Orientierungsfunktion, die ein fundierter Kenntnisstand bietet, nicht hoch genug einzuschätzen.

Die Unterstützungsfunktion, die der Professionalisierung der Sachbearbeiter zugeschrieben wurde, gilt zunächst natürlich nur für den unmittelbaren Kontakt mit dem Opfer, der anhand der Situation Anhörung exemplifiziert wurde. Die psychische Involviertheit der betroffenen Polizeibeamten gründet noch viel ursprünglicher in der Konfrontation mit einem Menschen, der im intimsten Bereich seiner Persönlichkeit (möglicherweise schwerst) verletzt wurde. Und dieser Mensch ist, bezogen auf den sexuellen Mißbrauch, auch noch ein Kind, dessen besondere Abhängigkeit von erwachsenen Bezugspersonen ausgenutzt wurde. Verbesserungen der polizeifachlichen Kompetenz bewirken für das Opfer, daß zusätzliche Schädigungen möglichst vermieden werden. Hinter dem Strafverfolgungsauftrag steht natürlich immer auch die Frage, ob und wie dem Opfer effektiv geholfen werden kann, zumal das Bedürfnis nach persönlicher Hilfe gerade bei Opfern von Sexualstraftaten häufig die wesentliche Motivation zur Aussage ausmacht. Der mit der Anzeigenaufnahme verbundene Strafverfolgungszwang muß häufig erst durch die Polizei bewußt gemacht werden. Weder für das Opfer noch für den involvierten Sachbearbeiter ist es zumutbar, hier schroff auf die polizeiliche Auftragslage zu verweisen, ohne den Gesamtkontext zu betrachten, in dem sich das Opfer befindet. Diesen Gesamtkontext haben sich engagierte Polizeibeamte erschlossen durch Kontaktaufnahmen zu Opferhilfsorganisationen. Inzwischen gibt es zahlreiche Beispiele aus der Praxis für hervorragende Kooperation zwischen den beteiligten Institutionen. Das Wissen um Auftrag, Selbstverständnis und Vorgehensweisen anderer (potentiell) Beteiligter läßt Profil und Grenzen der eigenen Arbeit deutlich werden. Dies wiederum ist Voraussetzung für eine opferbezogene Zusammenarbeit im Sinne komplementärer Angebote und Maßnahmen. Auch in diesem Bereich zeigen sich ausgeprägte Tendenzen zunehmenden gegenseitigen Vertrauens und gegenseitiger Wertschätzung, wo vor nicht allzu langer Zeit eher Mißtrauen und Konkurrenzdenken anzutreffen waren. Einige Beispiele sollen dies verdeutlichen: Die Mitarbeiter der einschlägigen Kommissariate verfügen derzeit zum sehr großen Teil über recht genaue Informationen über und auch persönliche Kontakte zu (regionalen) Opferhilfseinrichtungen, an die die Opfer verwiesen werden. Umgekehrt nimmt die Tendenz zu, daß die Mitarbeiter derartiger Institutionen den Opfern gegebenenfalls zur Anzeige bei der Polizei raten, und zwar vor einer therapeutischen Intervention, um die Aussage im Hinblick auf eine Glaubhaftigkeitsbegutachtung abzusichern. Die angeführten Beispiele zentrieren sich um den Aspekt der polizeilichen Vernehmung. Für den Bereich der Spurensicherung lassen sich ebenso gute Kooperationsbeispiele anführen. So gibt es z. T. genaue Absprachen zwischen gynäkologischen Abteilungen der regionalen Krankenhäuser oder niedergelassenen Frauenärzten und den polizeilichen Fachdienststellen über geforderte Untersuchungsparameter und -standards. Die gegenseitige Kenntnis über Arbeitsauftrag und -inhalt führt auch dazu, daß für das Opfer belastende und für das Verfahren unnötige Maßnahmen unterbleiben, wie etwa eine „zweite Vernehmung" durch den untersuchenden Arzt als Ergänzung oder gar anstelle des geforderten Befundberichts.

So positiv und hoffnungsvoll die geschilderten Beispiele sind, sind sie derzeit überwiegend als Ergebnisse besonderen Engagements einzelner

Behörden oder Einzelpersonen anzusehen. Für eine gewisse Phase des Ausprobierens neuer Wege mag dies angehen. Grundsätzlich ist hier jedoch eine Institutionalisierung derartiger Kooperation zu fordern, deren Wahrnehmung als integraler Teil des Arbeitsauftrags und nicht als dessen persönliche Interpretation aufgefaßt werden muß. Daß die daraus resultierenden – oben exemplarisch angeführten – Maßnahmen den Opfern zugute kommen, steht außer Frage. Für die betroffenen Polizeibeamten bildet die Möglichkeit, die Problematik des Opfers weiterzugeben an Stellen, von deren Effektivität sie überzeugt sind, die Voraussetzung, „guten Gewissens" die Strafverfolgung zum Zentrum des eigenen Handelns und Denkens zu machen. Die damit verbundene psychologische Grenzziehung stellt einen sehr entscheidenden Faktor für die Burnout-Prophylaxe dar. Bei aller Anerkennung für die Innovationen, die sich bei der Polizei in diesem Bereich abzeichnen, und bei realistischer Einschätzung des Zeitaufwands, den die Umsetzung einschlägiger administrativer Maßnahmen erfordert, bleibt kritisch anzumerken, daß derartige Maßnahmen trotz allem relativ spät und nicht zuletzt aufgrund gesteigerten öffentlichen Interesses ergriffen wurden. Erprobte Modelle bestehen – etwa in den Niederlanden – seit langem. Der Austausch über den Landes- und (in diesem Falle) nationalen Rahmen hinaus sollte ebenfalls stärker bedacht und (möglicherweise in den wissenschaftlichen Diensten der Polizei) institutionalisiert werden.

Professionalisierung einschließlich institutionalisierter Zusammenarbeit als zentraler Faktor im Hinblick auf eine angemessene Burnout-Prophylaxe in diesem Deliktsbereich täuscht – gerade den erfahrenen Sachbearbeiter – nicht darüber hinweg, daß letztlich im Einzelfall oft nicht das für das betroffene Opfer getan werden kann, was man ihm wünschen würde. Gerade polizeiliche Maßnahmen, die letztlich allenfalls die Inhaftierung eines Täters bewirken, stellen oft nur eine Unterbrechung der Problematik dar. Besonders derjenige, dem sich aufgrund langjähriger und engagierter Arbeit Zusammenhänge erschließen (etwa einer möglicherweise biographischen Opfer-Täter-Spirale) oder der um die derzeitig völlig unzureichenden psychologischen Interventionsmaßnahmen bezüglich der Täter weiß, wird häufig einem großen Frustrationspotential ausgesetzt sein, dem nicht mit den Möglichkeiten der eigenen Arbeitsleistung beizukommen ist.

Ein weiterer Belastungsfaktor im Deliktsbereich Sexualstraftaten wird gerne übersehen, da er im Selbst- und Fremdbild des „aufgeklärten Erwachsenen" keinen Platz hat. Gemeint ist die Tatsache, daß der Polizeibeamte durch seine berufliche Aufgabe gezwungen ist, mit fremden Menschen über deren persönlich erfahrene Sexualität zu sprechen, was gesellschaftlich selbst unter engen Bezugspersonen eher selten ist. Hinzu kommt, daß mit dem Gesprächspartner als Opfer oder Beschuldigtem Sexualität außerhalb gesellschaftlicher Normen thematisiert wird. Daß dieser Widerspruch tatsächlich psychologisch wirksam ist für die betroffenen Sachbearbeiter, wird beispielsweise daran deutlich, daß durch die berufliche Tätigkeit wirksame Einflüsse auf das eigene sexuelle Erleben so gut wie nie thematisiert werden.

Daß z. B. die zeitweise Einschränkung eigener sexueller Lustgefühle aufgrund der ständigen Konfrontation mit gewalttätigen und verletzenden Sexualhandlungen oder auch (was in der Regel als sehr viel dramatischer erlebt wird) spontane Erregungszustände beim Anhören der Schilderungen delinquenter Sexualhandlungen, nicht selten vorkommen und keineswegs als Anzeichen fortschreitender Pathologisierung zu sehen sind, sind Informationen, über die es in Seminarsituationen keinerlei Feedback gibt. In Rückmeldungen, die in spontanen Einzelgesprächen außerhalb der Seminarsituation abgegeben werden, werden derartige Informationen als „erlösend" bewertet.

4.1.2 Umgang mit erwachsenen Opfern

Die eigene Involviertheit wird im Kontakt mit erwachsenen Opfern von Sexualstraftaten noch auf andere Art spürbar, weil sich hier sehr viel stärker Identifizierungsmöglichkeiten mit Opfern und Tätern ergeben können, die zum Nachteil der Opfer in Vernehmungssituationen verhaltenswirksam werden können. Derartige Identifizierungsmechanismen sind in diesem Zusammenhang recht kompliziert, da sie sich als Prozesse der Distanzierung und Abgrenzung aus Angst vor der Identifizierung realisieren und als Abwehrmechanismen fungieren. Am Beispiel wird dies vermutlich deutlicher: Die Vorstellung, daß das Opfer einer Sexualstraftat „*irgendwie zu dieser beigetragen habe*", hat insofern schützende Funktion, als sie den Schluß zuläßt, daß „mir selbst" (im Falle der Polizeibeamtin) oder „*meiner Tochter/ Frau/Freundin*" (im Falle des Polizeibeamten) „*so was gar nicht passieren kann*". Vor diesem Hintergrund wird auch der im Zusammenhang mit Sexualstraftaten vorschnell erhobene Vorwurf der Falschbeschuldigung (Steffen 1987) erklärbar, nicht aber akzeptabel! Das dem Opfer entgegengebrachte Mißtrauen läßt eine Identifizierung mit der Situation des Beschuldigten erkennen, in die man selbst nicht geraten möchte und vor der man sich fürchtet. Dies ist zwar logisch falsch, da ja gerade jede nachgewiesene Vergewaltigung/Nötigung aus der Gesamtmenge der angezeigten die statistische Wahrscheinlichkeit der Falschbeschuldigung, vor der man sich fürchtet, senkt. Psychologisch jedoch wirkt die Identifizierung mit dem Beschuldigten „als Opfer einer Falschbeschuldigung" als Schutzmechanismus.

Tatsächlich wächst die Wahrscheinlichkeit, „Falschanschuldigungen" zu erhalten, mit dem Grad, in dem der vernehmende Beamte daran glaubt. Dieser Zusammenhang soll an dieser Stelle ausführlicher dargestellt werden, da er nicht nur für Angehörige der Fachkommissariate, sondern für jeden im ersten Angriff mit Sexualstraftaten befaßten Polizisten wirksam werden kann. Vorurteile im Zusammenhang mit Sexualstraftaten sind nicht polizeispezifische, sondern gesamtgesellschaftliche. Und die Opfer von Sexualstraftaten werden diese Vorurteile in aller Regel entweder teilen, zumindest aber bei den Personen, mit denen sie über die Tat sprechen – also auch bei der Polizei – vermuten. Daher werden Opfer von Vergewaltigungen/Nötigungen im besonderen Maße bemüht sein, ihre Glaubhaftigkeit zu demonstrieren, und zwar so, wie sie glauben, daß dies im Sinne der Vorurteilserwartung opportun sei. Dies kann z. B. bedeuten, daß die der Tat vorausgegangene Bekanntheit oder Begegnung mit dem Täter als geringer oder kürzer dargestellt wird, als dies tatsächlich der Fall war. (Vorurteil: Eine „richtige" Vergewaltigung liegt nur beim unbekannten Täter vor.) Oder aber vorausgegangene einverständliche Aktivitäten wie Tanzen, Besuch einer Kneipe, Austausch von Zärtlichkeiten oder das freiwillige Mitkommen in die Wohnung des Täters werden negiert oder verzerrt dargestellt. (Vorurteil: Eine „richtige" Vergewaltigung findet überfallsartig statt.) **Der erfahrene Sachbearbeiter**, der um diese Zusammenhänge weiß, wird das Opfer **zunächst unkommentiert** berichten lassen, anschließend widersprüchlich, unplausibel, verzerrt oder dramatisiert erscheinende Passagen mit dem Opfer thematisieren und dieses gegebenenfalls zur Korrektur ermutigen. Dies muß natürlich äußerst **einfühlsam** und unter Einbeziehung der Metaebene der Kommunikation geschehen. Das heißt, der Polizeibeamte muß erklären, daß er unrichtige Angaben an bestimmten Stellen vermutet, was er allerdings nicht als Besonderheit der betroffenen Frau werte, sondern in diesem Deliktsbereich ein typisches Verhalten sei, zu dem sich die Betroffenen fälschlicherweise veranlaßt sähen. Es muß deutlich zum Ausdruck gebracht werden, daß derartige Ungenauigkeiten oder auch Verfälschungen nichts mit der Glaubhaftigkeit der gesamten Aussage zu tun haben, diese jedoch im Verfahrensverlauf angreifbar machen. Es ist hier zu bedenken, daß Aussagen über Vergewaltigungshandlungen vorliegen, bei denen zunächst nichts außer dem Kerngeschehen korrekt wiedergegeben wurde, und daß es strafrechtlich letztlich um genau dieses Kerngeschehen, die strafbare Handlung, geht. Der Polizeibeamte, der selbst die gängigen Vorurteile im Zusammenhang der Sexualstraftaten teilt, wird nach Bestätigung dieser Vorurteile suchen und tatsächlich oder vermeintlich unrichtige Aussageteile selektiv wahrnehmen und die Zeugin darauf „festzunageln" versuchen. Diese wird sich nun ebenfalls in ihren Vermutungen über die Einstellungen des Beamten bestätigt sehen und noch stärker bemüht sein, ihre Glaubwürdigkeit im Sinne der oben beschriebenen Tendenzen zu „stützen". Damit ist eine Spirale in Gang gesetzt, an deren Endpunkt zwei Extreme stehen können: Die Schilderungen können so viele Verzerrungen beinhalten, daß sie einem Strafverfahren nicht mehr standhalten, oder die Zeugin bricht resigniert die Vernehmung ab oder zieht sogar ihre Anzeige zurück. In beiden Fällen wird der betroffene Beamte einen „Strich in seiner Vortäuschungsstatistik eintragen" und sich in seinem „Aufklärungserfolg" bestätigt sehen. Es wird deutlich, daß hier die erwartete hohe Vortäuschungsrate selbst produziert werden kann. An dieser Stelle sei angemerkt, daß der Zusammenhang zwischen der Qualität einer polizeilichen Vernehmung im Sinne einer opferschonenden Vernehmung und dem Ausmaß, in dem der Polizeibeamte Vorurteile über Sexualstraftaten teilt, empirisch belegt wurde (Greuel/Scholz 1991).

Vorurteile haben wie alle „inneren Überzeugungen" stabilisierende Funktion für den einzelnen und sind deshalb äußerst stabil gegenüber anders lautenden Informationen oder Erfahrungen, anders ausgedrückt, sie sind äußerst änderungsresistent. Derartige innere Überzeugungen mögen für den einzelnen biographische Bedeutung haben, weisen ihn aber für die Bearbeitung der in Rede stehenden Straftaten als nicht geeignet aus. Damit kann gelegentlich eine Personal- oder Führungsproblematik verbunden sein. Dies wird in der Praxis selten tatsächlich auftreten, da der Polizeibeamte, der „ohnehin meist Vortäuschungen" vermutet, sich kaum den persönlichen Problematiken aussetzen wird, die für den Deliktsbereich beschrieben wurden. Es wird vermutlich selten um die Frage des Ja oder Nein im Hinblick auf die geschilderte Mythenakzeptanz gehen, sondern eher um ein Mehr oder Weniger, das der einzelne mit sich und seinen beruflichen Erfahrungen ständig neu ausloten muß. Aufgrund ihrer zentralen Bedeutung und Verhaltenswirksamkeit muß die Auseinandersetzung mit eigenen Einstellungen gegenüber Opfern und Tätern von Sexualstraftaten integraler Bestandteil polizeilicher Aus- und Fortbildung sein. In diesem Zusammenhang ist der Hinweis darauf notwendig, daß die Auseinandersetzung mit den Tätern wissenschaftlich noch völlig unzureichend reflektiert wurde. So wurde der Erfahrungswert, daß Mißbrauchstäter nur in den aller seltensten Fällen geständnisbereit sind, noch nie ernsthaft hinterfragt, und dies obwohl unmittelbar einleuchtet, daß allein das Tätergeständnis die Verfahrensbelastungen für das Opfer entscheidend reduzieren, wenn nicht abwenden könnte. Zusätzlich würde dem Opfer dadurch die Gewißheit zuteil, daß die eigene Wahrnehmung richtig ist, ein Problem, das Opfer oft bis ins Erwachsenenalter verfolgt. Untersuchungen, die die mangelnde Geständnisbereitschaft der Täter und die möglicherweise dahinterstehenden stehenden Selbsttäuschungsmechanismen zum Gegenstand hätten, böten Ansätze für Strategien (polizeilicher) Vernehmungen sowie für therapeutische Einwirkungsmöglichkeiten auf den Täter.

Die Ausführungen machen deutlich, daß Unterstützung für Sachbearbeiter von Sexualstraftaten primär in deren Professionalisierung, und das heißt, in intensivierter Aus- und Fortbildung gesehen werden. Dies muß jedoch unterstützt werden durch organisatorische Maßnahmen wie der Institutionalisierung von Strukturen einer regelmäßigen und selbstverständlichen Kooperation mit psychosozialen Institutionen und denen der Strafjustiz. Bestimmte Problematiken, wie etwa die der partiellen Beeinträchtigung eigenen sexuellen Empfindens durch die Arbeit oder auch die ständige Konfrontation mit der Tatsache, den Opfern nicht so umfänglich helfen zu können, wie es den eigenen Impulsen entspricht, lassen sich in der Fortbildung nur insofern mildern, als sie dort dargestellt werden und damit den einzelnen der Sorge um die individuelle Neurotisierung, „über die man besser nicht redet", entheben. Burnout-Prophylaxe müßte hier die Möglichkeit eines durch einen Außenstehenden gelenkten Austauschs einschließen. Gerade im Hinblick auf die fachlich inhaltliche Notwendigkeit zur Kooperation mit anderen Institutionen wäre hier an Gruppen zu denken, die sich aus Angehörigen dieser verschiedenen Institutionen zusammensetzten. Dadurch könnte die Problematik einer kommissariatsinternen Supervision vermieden werden, die immer nur so effektiv sein kann, wie es die Aufgeschlossenheit des Leiters zuläßt und dessen Bereitschaft, das Äußern arbeitsbedingter Problematiken nicht vorschnell unter der Kategorie „mangelnde Belastbarkeit" in einer Beurteilung zu verbuchen. Zusätzlich läge in einem solchen Vorgehen die Chance, im Abgleich mit Angehörigen anderer Institutionen polizeispezifische Problematiken als solche wahrzunehmen und Möglichkeiten spezifischer Verbesserungen zu erarbeiten. Nicht zuletzt sollte hier auch die Chance gesehen werden, von den in aller Regel bereits vorhandenen Supervisionserfahrungen psychosozialer Einrichtungen zu profitieren. Im Einzelfall liegt es in der Verantwortung von Kollegen und Vorgesetzten, Symptome Betroffener zu erkennen und diesen die Wahrnehmung professioneller Unterstützung nahezulegen.

Ein in diesem Zusammenhang noch zu erörternder Problemkreis ergibt sich für diejenigen Beamten, die nicht als Fachleute einschlägiger Dienststellen tätig sind, aber mit Sexualstraftaten unter vielen anderen im sogenannten ersten Angriff tätig sind. Die Burnout-Gefahr resultiert hier, anders als bei der zuvor dargestellten Gruppe, nicht aus der ständigen Konfrontation mit den Opfern schwerwiegender Straftaten, sondern aus der potentiellen Überforderung, die aus der Tatsache erwächst, „für alles zuständig zu sein" ohne adäquate fachliche Ausbildung. Diese kann aufgrund der Vielgestaltigkeit möglicher Aufgaben niemals umfassend geleistet werden und ist – entsprechend der Auftragslage – als eine Art erste Hilfe konzipiert. Dies ist solange in Ordnung, wie die tatsächlich zu leistenden Aufgaben diesen Anspruch nicht übersteigen. Für den Bereich der Sexualstraftaten wäre die Einrichtung von Rufbereitschaften erforderlich, mindestens mit dem Ziel, die Kollegen im Einzelfall über die notwendig zu unternehmenden Schritte zu informieren und zu beraten. Grundsätzlich läßt sich dem Betroffenen nur raten, „soviel wie unbedingt nötig und so wenig wie möglich" selbst zu unternehmen. Dies ist im Zweifelsfall natürlich bereits sehr viel, wenn es beispielsweise darum geht, frische Spuren zu sichern bzw. sichern zu lassen oder Vernehmungen mindestens in dem Umfang zu führen, daß sichergestellt werden kann, ob und gegebenenfalls wo ein potentieller Täter festgenommen werden kann. Für den häufigen Fall der auf der (Kriminal-)Wache außerhalb der Dienstzeit eintreffenden Frau, die Anzeige über eine zurückliegende Tat erstatten will, gilt erstens, daß die Anzeige störungsfrei und ohne Anwesenheit anderer entgegengenommen werden muß. Zum zweiten sollte die betroffene Frau darauf hingewiesen werden, daß es in ihrem eigenen Interesse liegt, eine umfassende Aussage zu verschieben bis zum Dienstbeginn der Fachkommissariate. Dies setzt natürlich voraus, daß sie ganz genaue Informationen darüber erhält, wie diese erreichbar sind (Adresse, Telefonnummer, Name des Leiters/der Leiterin oder anderer Ansprechpartner). Professionalität ist hier gekennzeichnet durch einen hohen Grad an Informiertheit über die richtigen Ansprechpartner innerhalb und gegebenenfalls außerhalb (z. B. Krisenintervention durch Unterbringung in einem Frauenhaus) der Polizei und die entsprechende Kooperationsbereitschaft. Diese ist in einigen Behörden bereits vorbildlich vorhanden. So gibt es bereits die Praxis – umgekehrt wie oben vorgeschlagen –, Name und Erreichbarkeit der betroffenen Frau an die Fachdienststellen weiterzugeben, die dann ihrerseits Kontakt aufnehmen, um den „zweiten inneren Anlauf", noch einmal zur Polizei zu gehen, zu erleichtern. Nicht zuletzt ist hier die innere Bereitschaft gefordert, sich selbst als in diesem Falle nicht ausreichend kompetent auszuweisen. Diese kann natürlich nur gedeihen, wenn nicht der „Alleskönner" zum favorisierten Beurteilungsmaßstab des Dienststellenleiters avanciert. Hier sollten Anstöße von den Fachdienststellen ausgehen, Verhaltens- und „Unterlassungs"-Erwartungen an die Kollegen zu formulieren, wie dies in vielen Fällen auch bereits geschieht. In diesem Zusammenhang sei noch einmal klar zum Ausdruck gebracht, daß eine optimale Opferbetreuung und polizeiliche Ermittlungsarbeit ohne die Einrichtung von Rufbereitschaften schwer denkbar ist.

4.2 Todesermittlungen

Nach einer einschlägigen Untersuchung zur psychischen Belastung von Todesermittlern stellen „Gerüche, Obduktion, Extremleichen, tragische Umstände, Kinderleichen" (Gercke 1995, 30) die am häufigsten genannten Belastungsfaktoren dar. „Der als tragische Umstände bezeichnete Komplex ist ebenfalls unter dem Leitgedanken der persönlichen Betroffenheit zu sehen. Hierbei steht ... die Konfrontation mit den Angehörigen" (Gercke 1995, 31) im Mittelpunkt.

Die besonderen Belastungen im Arbeitsbereich Todesermittlungen werden von den betroffenen Sachbearbeitern also wesentlich unter drei Aspekten beschrieben: Zum einen geht es um die Konfrontation mit den Angehörigen verstorbener Menschen, zum zweiten um die besondere Betroffenheit beim Tod von Kindern und zum dritten um die Arbeit an Leichen.

4.2.1 Überbringen einer Todesnachricht

Die Situation, einen Angehörigen oder Freund verloren zu haben, bedeutet immer eine psychische Extremsituation. Dort, wo diese Situation im Kontext polizeilichen Handelns steht, ist sie in aller Regel dadurch noch besonders verschärft, daß der Verlust plötzlich und nicht voraussehbar eintrat (anders als etwa beim Sterben im Krankenhaus) und zweitens oft durch Dritte absichtlich herbeigeführt wurde (Mord-, Totschlagsdelikte) oder unabsichtlich verursacht wurde (Verkehrsunfall etc.) Der Polizeibeamte ist häufig derjenige, der in ein scheinbar „ganz normales Leben" hineingeht und dieses durch die Todesnachricht erschüttert. Die Reaktionen der Menschen, die er mit seiner Nachricht konfrontiert, sind im Einzelfall völlig unabsehbar, zumal sich Polizeibeamte und Angehörige einander fast immer unbekannt sind. Je weniger vorhersehbar eine Situation ist, desto angst- und streßträchtiger ist sie für den in dieser Situation Handelnden, und um so mehr muß er sich auf die eigene spontane Situationseinschätzung und entsprechende Reaktionsweisen verlassen können. Die Notwendigkeit, hier „als Mensch" zu handeln, dessen professioneller Auftrag nicht mit genau festlegbaren professionellen Handlungsmustern verbunden ist, ist oft mit großer Hilflosigkeit verbunden. Gerade die Unvorhersagbarkeit macht es notwendig, ein Spektrum wahrscheinlicher Reaktionsmuster der betroffenen Angehörigen im Vorfeld zu kennen und adäquate Verhaltensmuster einzuüben. Hier wird häufig mit dem berechtigten Hinweis auf die Unvorhersagbarkeit des Einzelfalles der Einwand verbunden, daß eine derartige Vorbereitung – etwa durch die Aus- und Fortbildung – gar nicht sinnvoll sei. Das Gegenteil ist richtig. Je größer das Spektrum im vorhinein durchdachter und geübter Verhaltensweisen ist, desto eher ist es möglich, flexibel (und das heißt adäquat) zu reagieren. Und zwar sowohl im Sinne einer bewußten Entscheidung für eine oder mehrere dieser Verhaltensweisen als auch im Sinne eines völligen Abweichens von allem Gelernten, wenn dies der besondere Einzelfall erfordert.

Der letztgenannte Fall macht in der Situation selbst den Rückgriff auf sehr persönliche Verhaltensmuster notwendig und ist damit dem Agieren ohne jede vorausgehende Schulung vergleichbar. Für die anschließende Bewältigung ergibt sich jedoch der entscheidende Vorteil, diese Verhaltensmuster vor dem Hintergrund professionellen Wissens reflektieren und vor sich selbst begründen zu können. Die Vorbereitung auf die Situation „Überbringen einer Todesnachricht" wird verschiedene Reaktionsmuster der betroffenen Angehörigen in den Mittelpunkt stellen, da es letztlich darum geht, die Extremsituation, in der diese sich befinden bzw. in die der Polizeibeamte sie durch seine Nachricht bringt, so wenig wie nur irgend möglich zusätzlich zu belasten. Im Sinne dieser betroffenen Menschen und auch im Sinne des Polizeibeamten sollten in die Schulung Selbsterfahrungsanteile eingehen. Damit ist eine Reflexion der eigenen Ressourcen gemeint, d. h. ein Nachdenken über folgende Fragen: Welche wahrscheinlichen Reaktionsmuster sind mir sehr fremd oder unangenehm? Mit welchen könnte ich gut umgehen? Welche Verhaltensstrategien entsprechen meiner Persönlichkeit am ehesten? Wieviel Nähe der Angehörigen bin ich bereit anzunehmen? Was bedeutet ein sehr distanziertes Verhalten der Angehörigen für mich? Eine Seminarsituation außerhalb des täglichen Dienstbereichs bietet hier gute Möglichkeiten, Selbst- und Fremdwahrnehmung abzugleichen, Verhaltensstrategien einzuüben und somit größere Sicherheit zu erhalten. Auch hier sollte immer die Reflexion auf andere professionelle Helfer oder auf Bezugspersonen der betroffenen Angehörigen mit einbezogen werden. Eine wesentliche Aufgabe desjenigen, der eine Todesnachricht überbringen muß, besteht darin, den Angehörigen in einer emotional abgesicherten Situation zurückzulassen. Das bedeutet sehr wesentlich sicherzustellen, daß andere Personen unterstützend hinzugezogen werden. Dieser Schritt muß unter Umständen mit dem oder sogar für den Betroffenen getan werden.

Belastungen in ausgewählten Arbeitsbereichen

Im täglichen Dienst ist es sinnvoll, daß der Polizeibeamte die Gelegenheit erhält, die Empfindungen, die er in der konkreten Situation hatte, mitteilen zu können. Hier ist allerdings die Gefahr einer Normierung durch die Kultur der umgebenden Dienstgruppe zu beachten. Gruppen haben die Tendenz, bestimmte Verhaltens- und Einstellungsmuster von ihren Mitgliedern zu fordern. Dies ist im Falle von Gruppen, deren Basis die gemeinsame Berufsausübung darstellt, selbstverständlich und im Hinblick auf die zu erledigende Arbeit durch Auftrag, Ausbildung und gegebenenfalls Rechts- oder Dienstvorschrift geregelt. Die Normierung und Sanktionierung von Einstellungen und Verhaltensweisen geht jedoch (meist weit) über dieses formelle Maß hinaus. Bezogen auf den hier zu diskutierenden Zusammenhang sind dabei zwei Tendenzen denkbar. Einmal findet sich die Vorstellung und der damit verbundene Anspruch, Situationen wie die des Überbringens einer Todesnachricht als professionelles Erfordernis anzunehmen und „locker" damit umzugehen. Das ist aufgrund der situationsimmanenten Dramatik nicht möglich. Zum Maßstab professioneller Tüchtigkeit wird somit die Fähigkeit, die eigenen Schwierigkeiten in der Situation und die Betroffenheit über das Phänomen Tod als solches möglichst perfekt zu verbergen. Je stärker derartige Verhaltensweisen voneinander gefordert werden, um so eher gerät der einzelne in Gefahr, diese bei anderen als Ausdruck zu werten, gefühlsmäßig tatsächlich nicht beteiligt zu sein. Dies wiederum führt zu Zweifeln an der eigenen Person, die um so sorgfältiger zu kaschieren versucht werden. Damit sind ideale Voraussetzungen geschaffen für das Einsetzen von Burnout oder sonstiger Streßerkrankungen. Im anderen Extrem – und vermutlich als Reaktion auf die eben beschriebenen eher traditionellen Bewältigungsstrategien – finden sich Gruppierungen in der Polizei, die ihre Mitglieder mit einem überhöhten „Betroffenheitsanspruch" belegen. Hier gilt die detaillierte und möglichst im psychologischen Fachjargon versprachlichte Schilderung innerpsychischer Prozesse als Ausdruck höchster persönlicher Sensibilität, die vom „fortschrittlichen Polizeibeamten" eingefordert wird und die zu artikulieren er nicht nur das Recht, sondern beinahe die Pflicht hat. Daraus kann ebenfalls Druck auf den einzelnen ausgeübt werden, da ihm – qua Gruppennorm – das Recht genommen wird, entsprechend seiner eigenen Persönlichkeitsstruktur bestimmte Belastungen für sich allein oder zumindest außerhalb der polizeilichen Dienstgruppe zu verarbeiten. Dabei ist zu bedenken, daß auch grundsätzlich mit hohen Belastungsrisiken verbundene Situationen entsprechend ihrer bestimmten Umstände unterschiedlich schwerwiegend erlebt werden; unterschiedlich durch verschiedene Menschen und unterschiedlich durch denselben Menschen zu verschiedenen Zeitpunkten. Es ist also denkbar, daß ein Polizeibeamter mit bestimmten Situationen im Bereich der Todesermittlungen in der Tat relativ leicht fertig wird, ohne daß er sich damit gleich dem Verdacht der Unmenschlichkeit ausgesetzt fühlen muß. Andererseits darf dieser nicht dem Fehler unterliegen, das eigene Empfinden zum Maßstab für andere zu erheben.

"KK Schulz überbringt Frau Müller die Nachricht über den tödlichen Autounfall ihres Mannes. 'Guten Tag, mein Name ist Schulz. Sie sind Witwe Müller?!'" Derartige Witze kursieren und finden sich gelegentlich auch in einschlägigen Polizeimagazinen. Und sie sind – pietätlos oder nicht – nützlich im Hinblick auf die entlastende Funktion, die derartigen sprachlichen Banalisierungen dramatischer Ereignisse zukommt. Ironie, Sarkasmus und Trivialisierung schaffen Distanz zu schwer zu ertragenden Situationen, in die der einzelne zwangsläufig involviert wird. Die Bezeichnung von Patienten als „der Schädel auf Zimmer 115", die sich im Krankenhausjargon findet, hat genau dieselbe Funktion in einem Arbeitsbereich, der durch vergleichbare Belastungsfaktoren gekennzeichnet ist. Gleiches gilt im übrigen für den oft kaum verständlichen medizinischen Fachjargon. Die Diagnose „progredierende Metastasierung" schafft Distanz und ist leichter auszuhalten als die der „unaufhaltsamen Ausbreitung von Krebsgeschwulsten", und zwar sowohl für den betroffenen Patienten als auch für denjenigen, der sie ihm mitteilt; „ausbehandelt" zu sein ist angenehmer als zu wissen, „daß nichts mehr getan werden kann". Ein distanzierter – und damit mitunter rüder – Sprachgebrauch – sollte in seiner entlastenden und schützenden Funktion akzeptiert werden. Die Gefahr dabei besteht zweifelsohne darin, daß die Kunst der Distanzierung – verstärkt durch Normierungsprozesse – so weit getrieben werden kann, daß sie den Kontakt zu den eigenen Gefühlen schließlich verhindert, die sich über kurz oder lang Ausdruck in psychosomatischen Beschwerden suchen werden. Im übrigen sollte immer bewußt bleiben, daß polizeispezifisches Sprachverhalten gegenüber Nichtpolizisten Effekte auslösen kann, die nicht gewollt und schwer kontrollierbar sind. Als (erlebtes!) Beispiel sei hier die Befragung der Freundin eines tödlich Verunglückten über ihre Vermutung über „den Null-Eins" angeführt.

4.2.2 *Der plötzliche Kindstod*

Nicht immer ist der Polizeibeamte derjenige, der die Nachricht vom Tod überbringt, häufiger sind die Angehörigen bereits vor Eintreffen der Polizei damit konfrontiert, ohne daß die Situation damit wesentlich erleichtert würde.

Dies soll beispielhaft dargestellt werden an der sicher für alle Beteiligten besonders schwerwiegenden Situation des plötzlichen Kindstods.

"Als wir da ankamen, waren wir leider die ersten. Gott sei Dank waren die Eltern mit sich selbst beschäftigt und ziemlich ruhig. Die hatten das alles, glaube ich, noch nicht gerafft. Uns haben die gar nicht richtig zur Kenntnis genommen und waren auch in einem anderen Zimmer als das Kind. Wir mußten also gar nichts machen. Als der Notarzt kam, ist der Kollege auf den Flur gegangen, um die Nachbarn abzuhalten. Ich habe den Notarzt genau gefragt, woher der Kindstod eigentlich kommt. Das weiß ja keiner, könnte also jedem passieren. Bis zu welchem Alter sind die Kinder eigentlich gefährdet?"

Belastungen in ausgewählten Arbeitsbereichen

Dieser authentische Bericht eines Fachhochschulstudenten der Polizei über ein ihn bewegendes Ereignis während des Praktikums umschreibt alle Befürchtungen und möglichen Belastungsfaktoren, die mit einem derartigen Ereignis verbunden sind:
- die Verantwortung und Problematik, die darin liegt, als erste Bezugsperson mit Menschen, die ein Kind verloren haben, zusammenzutreffen (ähnlich wie im Beispiel „Überbringen einer Todesnachricht"),
- die Frage nach Verhaltens- und Reaktionsweisen der Eltern und den daraus resultierenden Anforderungen an die Polizei,
- die Frage, welche polizeilichen Maßnahmen zu treffen sind, wie diese von den Eltern aufgefaßt werden und ihnen gegenüber zu begründen sind,
- die Identifikation mit den Eltern.

Die meisten dieser Belastungsfaktoren finden sich ebenso in der vorausgehend besprochenen Situation und lassen sich auf nahezu alle Situationen im Arbeitsfeld „Todesermittlungen" übertragen. Kennzeichnend ist hier die Spannung, die aus dem Charakteristikum des plötzlichen Kindstods selbst erwächst. Dieser tritt bei kleinen Kindern bis zum Alter von etwa zwei Jahren spontan auf, ohne daß in der Regel irgendwelche Anzeichen darauf hindeuten würden. Obwohl inzwischen bestimmte Risikofaktoren (niedriges Geburtsgewicht, Rauchen während der Schwangerschaft und in Anwesenheit des Kindes, kurze Stilldauer, Bauchlage, familiäres Auftreten) ausgemacht wurden, lassen sich keine eindeutigen Prognosen für die Auftretenswahrscheinlichkeit im Einzelfall abgeben und keine definierbaren Ursachen für den plötzlich eingetretenen Tod erkennen. Als Ursache wird letztlich ein noch nicht voll ausgereiftes Atem- bzw. Herz/Kreislaufsystem angesehen. Dies bedeutet, daß eine Obduktion definitionsgemäß keine erkennbare Todesursache aufzeigt.

Die eintreffenden Polizeibeamten finden also eine Situation vor, in der der Tod eines Kindes aus heiterem Himmel eintrat und Eltern, die – wie in der Eingangsbemerkung zitiert – völlig fassungslos sind. Die spontanen inneren Reaktionen der Polizeibeamten werden Mitleid, Entsetzen und Hilflosigkeit sein. Ihr Auftrag besteht darin, einen unnatürlichen Tod, an den sie in diesem Fall in der Regel nicht glauben, auszuschließen. Den Eltern, die die Polizei meist gar nicht gerufen haben (diese wird durch die Notrufzentrale alarmiert), muß dies erst einmal erklärt werden. Die Reaktion eines offenen Verwehrens polizeilicher Anwesenheit und Maßnahmen tritt selten auf. Hinter der Akzeptanz polizeilicher Maßnahmen steht oft die – durch den zitierten Polizeibeamten beobachtete – Ignorierung des ablaufenden Geschehens. *„Und sie waren, Gott sei Dank, auch in einem anderen Zimmer als das Kind."* Diese Äußerung des mit der Situation noch völlig unerfahrenen jungen Kollegen zeigt seine (richtige) Vermutung über die Problematik, die sich ergeben kann, wenn etwa die Eltern den Zutritt zum Kinderzimmer (als intimem Raum der Eltern-Kind-Beziehung oder auch des Abschiednehmens) verwehren oder sich weigern, sich das Kind aus dem Arm nehmen zu

Der plötzliche Kindstod

lassen. Für alle Beteiligten gehört der plötzliche Kindstod sicher zu den belastendsten beruflichen Situationen überhaupt. Notarzt und Sachbearbeiter der einschlägigen Dienststellen haben zumindest den psychologischen Vorteil, bestimmte fachlich definierte und eingeübte Maßnahmen durchführen zu müssen, durch die die Wahrnehmung der Situation strukturierbar wird. Einem besonders hohen inneren Druck sind diejenigen Kollegen ausgesetzt, die als Streifenbesatzung – meist ohne medizinischen oder kriminalfachlichen Hintergrund – eintreffen. Diesen obliegt in aller Regel der Erstkontakt, der ähnlich problematisch ist wie im Falle, eine Todesnachricht überbringen zu müssen, und von dem darüber hinaus die Akzeptanz der nachfolgenden Kripobeamten weitgehend abhängt. Während diese aktiv handeln müssen und können, besteht die Aufgabe der Streifenbeamten im wesentlichen darin, dafür zu sorgen, *„daß nichts passiert"*, das heißt verändert wird. Dies wiederum ist mit der im Zeitverlauf steigenden Notwendigkeit verbunden, die eigene Anwesenheit zu erklären, was vor dem Hintergrund des konkreten Vorfalls oft den Charakter der Rechtfertigung annimmt.

Der Kollege, der bei Eintreffen des Notarztes auf den Flur ging, *„um mögliche Nachbarn fernzuhalten"*, wählte für sich genau die Bewältigungsstrategie, die ihm die Situation des Erstkontakts verwehrte, nämlich (in diesem Falle scheinbar) aktiv zu sein, *„sich nützlich zu machen"*. Der zitierte Kollege wählte eine andere Strategie. Er informierte sich beim Notarzt über den Hintergrund des plötzlichen Kindstods. Das Bedürfnis nach Information entspringt sicher (auch) dem Bewußtsein, daß *„einem selbst so etwas auch einmal passieren könnte"*. Hintergründiger ist vermutlich das Bedürfnis, das erschreckende Ereignis zumindest intellektuell überschaubarer machen zu wollen. Dieses Wissen wäre somit eine Hilfe für den jungen Polizeibeamten gewesen, hätte es ihm schon vor seinem Einsatz zur Verfügung gestanden. Die Suche nach intellektuellen Informationen entspringt dem Bedürfnis nach emotionaler Distanzierung. Dies kann sich auch im Sprachverhalten Ausdruck verleihen und die betroffenen Eltern sehr irritieren und verletzen. Zu deren Schutz sollte der Polizeibeamte hier auf den Selbstschutz, den die Fachsprache ihm bietet, verzichten. Also auf keinen Fall etwa fragen: „Können Sie hier Angaben über den genauen Todeszeitpunkt machen?", sondern umgangssprachlich und persönlicher formulieren: *„Wann haben Sie Ihre Tochter/Ihren Sohn* (am besten erkundigt man sich vorher nach dem Namen) *so gefunden?"* Auch sollten die Eltern niemals gebeten werden „die Leiche" der Polizei „zu Untersuchungszwecken" „zu überlassen". Vielmehr sollte ihnen erklärt werden, daß *„wir das Kind auch noch einmal genauer angucken müssen, damit Sie dann in Ruhe Abschied nehmen können."*

Die Wahrscheinlichkeit, außerhalb der Fachkommissariate während des Polizeidienstes mit dem plötzlichen Kindstod in Berührung zu kommen, ist nicht sehr hoch. Wenn dies aber eintritt, ist damit für den betroffenen Beamten meist ein einschneidendes Erlebnis verbunden und für die Eltern eine prägende Begegnung mit der Polizei. Aufgrund dessen sollte die Thematisierung des Kindstods Bestandteil der Ausbildung sein, zumal sich hier exemplarisch der Umgang mit Opfern, Voraussetzungen und Maßnahmen der Todesermittlung sowie grundsätzlich mit dem Strafverfolgungsauftrag verbundene Konflikte erörtern sowie Kommunikationsverhalten in schwierigen polizeilichen Einsatzlagen trainieren lassen.

Fortbildungsmaßnahmen für diesen Bereich versuchen, die Problematik, die aus dem auftragsentsprechenden polizeilichen Verhalten und den Erwartungen der betroffenen Eltern an dieses Verhalten resultieren kann, zu erarbeiten. Dazu werden z. B. Eltern, die das Erlebnis des plötzlichen Kindstods durchlebt haben, mit in die Fortbildung einbezogen. Der Anstoß zu einem derartigen Austausch ging im übrigen von einer betroffenen Mutter aus, die sich an eine übergeordnete Polizeibehörde wandte mit dem Vorschlag, aus der eigenen Erfahrung gemeinsam mit der Polizei Strategien zu entwickeln, die es zukünftig betroffenen Eltern erleichtern sollen, das dramatische Ereignis des plötzlichen Verlustes eines Kindes zu verarbeiten (anonym veröffentlicht in der „Streife" 7-8/94). Die Fachkommissariate und die polizeiliche Aus- und Fortbildung sind gefordert, adäquate Verhaltensempfehlungen für Kollegen des Streifendienstes zu formulieren und entsprechende Übungsmöglichkeiten bereitzustellen.

4.2.3 Arbeit an Leichen

„Und wenn ich dann zur Dienststelle komme, sagen alle, man riecht, wo du herkommst", „ Und bevor der seine Frau erschlug, hat der noch das ganze Aquarium zerschlagen. Die Fische zappelten noch um die Leiche", „Der Durchläufer wurde ganz blaß, als er die Leiche packte und die dann noch mal kräftig rülpste", „Nichts gegen `ne Wasserleiche."

Die angeführten Zitate geben Empfindungen des Ekels, des Schreckens, des Entsetzens wieder, die im direkten Kontakt mit Tatorten und Leichen entstehen. Die ständige physische Konfrontation mit Eindrücken der Zerstörung, der Verwesung und völligen Entstellung menschlicher Gesichter und Körper, die als sinnliche Eindrücke den Arbeitsalltag der Todesermittlungsbeamten begleiten, werden von diesen als weitere zentrale Belastungsfaktoren genannt. Oft wird unterstellt und leider als Glaubenssatz für die eigene psychische Wirklichkeit übernommen, daß man sich daran im Laufe der Jahre gewöhne. Bis zu einem gewissen Grad ist dies sogar richtig in dem Sinne, daß in der häufigen Konfrontation mit bestimmten Phänomenen eine Desensibilisierung als gesunderhaltende psychische Reaktion wirksam wird. Es ist allerdings eine Frage der (interindividuell und lebensgeschichtlich unterschiedlich kompensierbaren) Intensität und Häufigkeit, mit denen man solchen Reizen ausgesetzt ist, wann der Punkt gekommen ist, an dem die psychische Balance aus den Fugen gerät. Mindestvoraussetzung einer Burnout-Prophylaxe in diesem Bereich sollte die Gelegenheit zu einem Austausch über derartige Empfindungen sein, der in regelmäßigen Zeitabständen außerhalb des täglichen Dienstes stattfinden sollte. Damit verbunden muß das Angebot adäquater Bewältigungsstrategien sein, die bis zu einem gewissen Grad trainierbar sind. Der leider immer noch gelegentlich anzutreffende Einwand, daß derartiges ein „richtiger Polizist" eben aushalten könne, gilt nur solange, wie gleichzeitig deutlich gesagt wird, daß die faktischen Bewältigungsstrategien wie Alkoholabusus oder emotionale Verhärtung, die einige Kollegen entwickeln, als adäquat angesehen werden. Vorgesetzte und Kollegen sollten hier tätig werden, um zum Beispiel gemeinsam mit den Sozialen Ansprechpartnern der Behörde Supervisionsnotwendigkeiten genau zu beschreiben und für die Mitarbeiter anzubieten. Außerdem gewinnen hier Überlegungen zum zeitlichen Verbleib eines Polizeibeamten im Delikts- bzw. Aufgabenbereich an Bedeutung.

5 Belastungen in besonderen Einsatzlagen

5.1 Schußwaffengebrauch und extreme Gewalttaten

Ähnlich wie die Angehörigen anderer Berufsgruppen, stehen auch Polizeibeamtinnen und Polizeibeamte Grenzsituationen des menschlichen Lebens gegenüber. Schwere Unglücksfälle mit verletzten oder getöteten Menschen, brutale Verbrechen, Suizide, aber auch die legale polizeiliche Gewaltanwendung gehören zur beruflichen Realität. Jeder wird früher oder später mit diesen Wirklichkeiten konfrontiert und wird spüren, daß solche Ereignisse nicht immer ohne seelische Folgen vorübergehen.

Extremsituationen spielen im beruflichen Alltag der Polizei eine besondere Rolle. Sie kommen im Rahmen der Routinearbeit nur selten vor, sind aber wegen ihrer möglichen rechtlichen und persönlichen Folgen und dem meist großen Interesse der Öffentlichkeit von besonderer Bedeutung. Dramatische Ereignisse, an denen Polizistinnen oder Polizisten beteiligt waren oder Opfer wurden, sind auch noch lange nach dem Vorfall Thema in den Dienststellen und in den Familien, selbst dann, wenn sich der Vorfall gar nicht in der eigenen Behörde oder im eigenen Bundesland abgespielt hat. Die Geiselnahme von Gladbeck im Jahr 1988 ist den meisten von uns noch präsent, und auch mit der Ortsbezeichnung Bad Kleinen verbindet sich mehr als nur eine Ortsname.

Der polizeiliche Schußwaffengebrauch findet sich regelmäßig in den Medien wieder, genauso wie die Berichterstattung über besonders schreckliche Gewalttaten oder große Unglücksfälle. Die Öffentlichkeit hat ein großes Interesse an solchen Extremsituationen, allerdings ist die öffentliche Anteilnahme am Schicksal von Polizistinnen und Polizisten nach besonders dramatischen Ereignissen nur dann groß, wenn medienwirksame Folgen eingetreten sind. Medieninteresse ist aber keine besondere Form der Unterstützung, sondern es wird meistens als zusätzliche Belastung empfunden. Medien beschäftigen sich mit der Befriedigung des Informationsbedürfnisses der Öffentlichkeit, müssen Sensationen wettbewerbsgerecht und profitabel vermarkten und tun dies häufig ohne die notwendige Rücksicht auf die berechtigten Interessen der am dramatischen Ereignis Beteiligten. Besonders private Fernsehgesellschaften liefern unrühmliche Beispiele.

Auch die Familien von Polizeiangehörigen haben mit dem Phänomen besonderer beruflicher Belastungen ihrer Angehörigen zu tun. Eltern und Ehepartner befinden sich oft in latenter Sorge, ob ihre Lieben unversehrt nach Hause kommen. Schon eine Verspätung der erwarteten Rückkehr nach Feierabend oder Meldungen im Rundfunk bieten oftmals den Anlaß zu konkreten Befürchtungen. Neben möglichen körperlichen Schäden sind die seelischen Folgen eines besonders belastenden Einsatzes innerhalb der Familie oft besonders deutlich.

Der Gebrauch von Schußwaffen durch die Polizei stellt ein besondere Form staatlicher Gewaltausübung dar. Jahr für Jahr wird in mehr als 2000 Fällen

Schußwaffengebrauch und extreme Gewalttaten

im Bundesgebiet durch die Polizei geschossen, aber nur bei jedem zwanzigsten Anlaß wird die Schußwaffe gegen Menschen gerichtet. Die Mehrzahl aller Schußwaffengebräuche gilt gefährlichen, kranken oder verletzten Tiere. Pro Jahr werden im Bundesgebiet durch polizeilichen Schußwaffengebrauch rund neunzig Personen verletzt oder getötet. Der bei weitem größte Anteil der Schußwaffengebräuche ist rechtmäßig. Unzulässige Schüsse mit Verletzungs- oder Todesfolge sind extrem selten. Seit dem Ende des Zweiten Weltkrieges sind mehr als 360 Polizeibeamte durch Straftäter erschossen worden.

Im Vergleich zu anderen dramatischen Ereignissen im Dienst ist der Schußwaffengebrauch zahlenmäßig von nachgeordneter Bedeutung. Er geschieht seltener als beispielsweise die Bedrohung eines Beamten durch einen Täter oder die Konfrontation der Polizei mit besonders gewalttätigen Verbrechen oder schweren Unglücksfällen.

Besondere Umstände rücken den polizeilichen Schußwaffengebrauch in eine einzigartige Position. Anders als bei den meisten anderen Ereignissen wirkt die Polizei, in Person der individuell einschreitenden Beamtinnen und Beamten, an der Entstehung einer traumatischen Situation mit. Die korrekte Ausführung des gesetzlichen Auftrages bietet in dieser Situation keine Alternative. Wissentlich und willentlich kann es zur legalen Verletzung oder Tötung eines Menschen kommen. Ebenso ist aber auch die Verletzung oder der Tod der einschreitenden Beamtinnen und Beamten durch bewaffnete Täter möglich.

Die Entscheidung zum Gebrauch der Waffe muß in der Regel in kürzester Zeit getroffen werden. Sie muß vor dem Hintergrund der Rechtsgüterabwägung besonders sorgfältig und unter erheblichem Zeitdruck geprüft werden. Oft geht der Entscheidungsfindung eine streßbeladene Vorgeschichte eines sich eskalierenden Einsatzes, oft auch mit der Bedrohung des eigenen Lebens voraus. In den meisten Fällen findet der Schußwaffengebrauch ohne konkret anlaßbezogene Vorbereitung statt. Häufig hängt das eigene Leben oder das anderer von dem Ergebnis des Entscheidungsprozesses ab. Im Extremfall kann der tödlich wirkende Schuß auf einen Täter das Leben einer oder mehrerer Personen retten.

Entgegen verbreiteter Auffassung findet die größere Anzahl von Schußwaffengebräuchen nicht bei den Spezialeinheiten, sondern im normalen Wach- und Wechseldienst statt.

Die meisten Abläufe des täglichen Dienstes kann man realitätsnah trainieren. Eine realitätsnahe Übung von Einsätzen mit Schußwaffen ist kaum möglich. Schießausbildung findet notwendigerweise immer unter simulierten Bedingungen statt. Ein gutes Schießtraining kann einen erheblichen Anteil des Entscheidungs- und Handlungsablaufes im Zusammenhang mit der polizeilichen Schußabgabe üben. Schießergebnisse lassen sich durch intensive Beschulung deutlich verbessern. Konfliktbewältigungstrainings erhöhen die Schwelle zum Schußwaffeneinsatz.

Belastungen in besonderen Einsatzlagen

Niemals wird es aber möglich sein, die eigentliche Situation wirklich vollständig zu üben. Der Schuß auf einen Menschen läßt sich nicht unter Anleitung erlernen, wie es bei einer Unfallaufnahme, einer Vernehmung oder der Spurensicherung möglich ist. Selbst die Konfrontation mit den Folgen von extremen Gewalttaten oder schweren Unglücksfällen kann und sollte, besonders am Anfang einer beruflichen Laufbahn, in Begleitung dienst- und lebenserfahrener Kollegen erfolgen. Hierbei sind Fehlentscheidungen Unerfahrener meistens sofort und folgenlos zu korrigieren, belastende Gefühle können angesprochen werden. Bei einer Schußabgabe gegen einen Menschen in der realen Situation ist das nicht möglich. Bei aller mentalen und technischen Vorbereitung ist der Schütze bei jedem Schußwaffengebrauch also allein. Allein mit allem Streß, mit seinen Ängsten und mit allen unausweichlichen und drängenden Entscheidungszwängen. Körperliche Verletzungen können die Folge des Einsatzes sein. Die Frage der Gesundung und des Erhalts der Dienstfähigkeit steht im Raum. Dienstunfallschutz und Versorgungsansprüche werden zum Thema. Aber auch wenn der Schütze unverletzt den Einsatz beenden kann, ist die Angelegenheit damit lange nicht beendet. Nach dem Schuß wird er sich individuell mit seiner persönlichen und rechtlichen Verantwortung auseinanderzusetzen haben. Verwirrung und stärkste Emotionen können nach dem Ereignis zusätzlich über die Beamtin oder den Beamten hereinbrechen. Der oft sehr kurzen Vorbereitungszeit des Individuums auf die aktuelle Lage, oft sind es nur Momente, steht eine erhebliche längere Zeit, Tage bis Monate, der taktischen, rechtlichen und persönlichen Bewertung gegenüber. In dieser Bewertungsphase werden nicht nur viele Fragen von außen und innen, von Öffentlichkeit und Behörde an den Beamten gestellt. Fast regelmäßig tauchen auch persönliche Zweifel auf, ob das Getane richtig war, und oft ist eine persönliche emotionale Beteiligung bisher unbekannten Ausmaßes festzustellen. Auch die Frage von Schuld jenseits der rechtlichen Dimension muß eine Antwort finden. Nicht nur der polizeiliche Schußwaffengebrauch führt zu solchen Reaktionen, sondern auch andere Ereignisse, bei denen in Ausführung des Dienstes Menschen verletzt oder getötet wurden. Häufig fielen in Seminaren und Nachbesprechungen nach besonders belastenden Einsätzen Formulierungen von Betroffenen wie: *„So habe ich mir eine solche Situation nie vorgestellt ...", „... ich hatte eine furchtbare Angst ..."* oder *„... ich war mir nicht klar darüber, welche seelische Belastung ein solches Ereignis für mich und meine Familie bedeuten würde."*

Das Hinzukommen zu anderen besonders belastenden Ereignissen, zu extremen Gewalttaten, schweren Verkehrsunfällen oder anderen Unglücksfällen löst fast regelmäßig die gleichen emotionalen Reaktionen aus wie der Schußwaffengebrauch. Der entscheidende Unterschied ist aber die Tatsache, daß sich die beteiligten Beamtinnen und Beamten nicht der rechtlichen Verantwortung für das Ereignis stellen müssen. Sie sind allenfalls Zeugen, nicht Handelnde. Für die Nachbereitung solcher Ereignisse ist dieser Umstand von besonderer Wichtigkeit. Polizeivollzugsbeamtinnen und Vollzugsbeamte unterliegen dem **Legalitätsprinzip** (§ 163 StPO), das sich prinzipiell auch auf kollegiale Gespräche ausdehnt. Im Zusammenhang mit Ereignissen, bei denen im Dienst Menschen verletzt oder getötet wurden, könnte dieser Umstand bedeutsam werden.

Einvernehmen besteht innerhalb der Polizei darüber, daß auch den seelischen Belastungen nach besonderen beruflichen Belastungen in geeigneter Form begegnet werden muß. Es handelt sich dabei um eine innerdienstliche Aufgabe und nicht um ein Gebiet, das ausschließlich durch Externe zu bearbeiten ist.

Dennoch beginnt die beste **Nachbereitung** von dramatischen Ereignissen mit einer **optimalen Vorbereitung** auf solche Ereignisse. Eindeutig belastungsmindernd wirkt eine solide Aus- und Fortbildung. Wenn berufstypische Probleme professionell gelöst werden können, sinkt die Wahrscheinlichkeit, Fehler zu machen. Damit ist schon ein wesentliches Belastungsmoment ausgeschaltet. Für den professionellen Umgang mit der Schußwaffe müssen rechtliche Entscheidungsabläufe und die Handhabung der Waffe genauso wie die Eigensicherung immer wieder geübt werden. Soweit möglich, sollten rein mechanische Abläufe automatisiert werden. Im Einsatzfall würde sonst unter der zu erwartenden Streßbelastung wertvolle geistige Kapazität gebunden. Das führt unweigerlich zu einer Einschränkung der Handlungsfähigkeit der einschreitenden Beamten. Die individuelle rechtliche, taktische und moralische Beurteilung der Lage und ihre verantwortungsvolle Bewältigung benötigt die volle Kraft der handelnden Personen. Alles, was durch Training vorher zu automatisieren ist, verbessert die Qualität der anstehenden Entscheidungen.

Die einzelnen Schritte nach dem Schußwaffengebrauch können und müssen ebenfalls trainiert werden. Die regelmäßigen Abläufe nach dem Ereignis sind selbstverständlich Gegenstand der Ausbildung. Genannt seien hier beispielhaft die Sicherstellung der Waffe, der Bekleidung, Sicherung von Schmauchspuren an den Händen, Befragung und ggf. die Eröffnung eines Ermittlungsverfahrens. Mit zunehmendem Abstand zur Berufsausbildung werden diese gelernten Inhalte natürlich verblassen, so wie andere Dinge, die nur selten im Alltag vorkommen. Nach einer Schußabgabe befinden sich Beamtinnen oder Beamte, die geschossen haben, unter einer starken psychischen Belastung. Fragen über Fragen von allen Seiten drängen sich an den Beteiligten. Die eigene seelische Betroffenheit und die fehlende Routine führen vor diesem Hintergrund oft zur Verwirrung, nicht nur bei den Schützen. Das führt dazu, daß Erlerntes, das nicht zu alltäglichen Repertoire gehört, nicht mehr greifbar ist. Wenn dann im Zuge der Ermittlungen die Waffe sichergestellt und Spuren gesichert werden, wird dieses Vorgehen nicht selten als belastend empfunden, obwohl es zu den Selbstverständlichkeiten nach einem Schuß gehört. Auch staatsanwaltliche Ermittlungen gehören zu den normalen und notwendigen Abläufen, werden aber manchmal ebenfalls als belastend empfunden. Die Vorgesetzten der betroffenen Dienststelle verfügen zumeist nicht über eine ausreichende Routine im Umgang mit derartigen Ereignissen. Dazu geschehen sie glücklicherweise zu selten. Hier kann regelmäßiger Dienstunterricht, der sich mit diesem

Thema beschäftigt, Wissenslücken schließen, und die standardisierte Vorgehensweise nach dem Schußwaffengebrauch transparent machen. Checklisten über die regelmäßig notwendigen dienstlichen Maßnahmen und Möglichkeiten der Einsatznachbereitung haben sich als hilfreich erwiesen.

Persönliche Erfahrungen von Menschen, die traumatisierende Ereignisse durchlebt haben, und wissenschaftliche Untersuchungen stellen eine unverzichtbare Wissensquelle darüber dar, wie mögliche körperliche und seelische Reaktionen nach einem Trauma ablaufen können. Diese Erfahrungen können möglichst schon vor besonderen Belastungen thematisiert werden und erleichtern den Umgang mit betroffenen Menschen nach einem Schußwaffengebrauch oder im Zusammenhang mit anderen besonderen Belastungen. Erlerntes Wissen sollte aber nicht nur als kognitive Informationsreserve angesehen werden, sondern im Kollegenkreis die Sensibilität gegenüber möglichen emotionalen Reaktionen auf besondere Ereignisse steigern. Gespräche zu diesem Thema dienen nicht nur der reinen Wissensvermittlung und sollten nicht erst nach einem Trauma beginnen, sondern schon vorher auf den Dienststellen einen vertrauensvollen und offenen Umgang einüben. Die Bewältigung seelischer Belastungen nach traumatisierenden Situationen wird zu einem erheblichen Teil in den Dienststellen und gemeinsam mit den altbekannten Kollegen ablaufen. Nachbesprechungen nach alltäglichen Belastungen können der Beginn sein. Bei länger bestehenden Dienstgruppen haben sich solche Gespräche häufig schon als Ritual eingespielt und erfüllen wichtige Funktionen der Psychohygiene.

Bei den Reaktionen auf eine schwere psychische Belastung handelt es sich um eine besondere Form der Streßreaktion. Körper und Seele arbeiten im Verbund. Daher kommt es nach emotionalem Streß auch zu bestimmten körperlichen Reaktionen. Nach dem „Adrenalin-Stoß" im unmittelbaren Zusammenhang mit dem traumatischen Ereignis kann sich ausgeprägte Müdigkeit oder Erschöpfung einstellen. Andererseits ist auch ein Anhalten der körperlichen Streßreaktion zu erwarten. Diese Reaktion ist gekennzeichnet durch einen beschleunigten Herzschlag, schnelle Atmung, Zittern und Schwitzen. Außerdem können sich unangenehme Symptome im Magen- und Darm-System einstellen. Dazu gehören Erbrechen und Durchfall, Übelkeit und Appetitlosigkeit. Es sind aber auch Fälle von vermehrter Nahrungsaufnahme bekannt. Neben den Beschwerden im Magen- und Darmbereich kommt es häufig zu einer Zunahme von körperlichen Verspannungen, die sich in Kopf- oder Rückenschmerzen, Brustenge, Schwindelgefühl oder dem Gefühl, „einen Kloß im Hals zu haben", äußern können. Diese körperlichen Symptome können sich in kürzester Zeit nach einem Schußwaffengebrauch oder einem anderen traumatischen Ereignis bei den Beteiligten einstellen. Mitunter kann aber auch beobachtet werden, daß die körperlichen und mentalen Funktionen von Beteiligten anscheinend unbeeinträchtigt sind. Das liegt durchaus im Bereich des Möglichen, schließt aber das plötzliche Auftreten der genannten Symptome nicht aus. Die Beteiligten sollten grundsätzlich, unabhängig, ob Symptome bestehen oder nicht, aus dem Einsatzgeschehen herausgelöst werden. Es ist davon auszu-

gehen, daß die Leistungsfähigkeit der Beteiligten nach dem belastenden Ereignis vorübergehend deutlich herabgesetzt ist.
Die Wahrscheinlichkeit von Unfällen nach besonderem Streß ist erhöht. Es muß daher Sorge dafür getragen werden, daß die beteiligten Beamtinnen und Beamten zumindest unmittelbar nach dem Ereignis kein Kraftfahrzeug führen, auch dann nicht, wenn sie sich anscheinend wohl fühlen.
Neben den körperlichen Symptomen stellen sich häufig auch emotionale Veränderungen ein, die genauso wie die körperlichen Symptome zu den normalen Reaktionen auf eine extreme Belastung zählen und weder ein Zeichen von Schwäche noch zu diesem Zeitpunkt ein Krankheitszeichen sind. Das traumatisierende Ereignis wird für die Beteiligten noch lange Zeit nach dem Geschehen in Erinnerung bleiben, in der Anfangsphase wird die Erinnerung an das Ereignis alle anderen Lebensfunktionen überschatten. Oft können traumatisierte Personen vorübergehend an nichts anderes denken, und belastende Bilder haben sich eingebrannt. Daneben steht eine eingeschränkte Wahrnehmung von Bestandteilen des Szenarios, an manches kann sich gar nicht mehr erinnert werden. Negative emotionale Belastungen werden häufig von dem Gefühl tiefer Traurigkeit begleitet. Es handelt sich dabei um eine zutiefst menschliche Reaktion, die nicht kommentiert zu werden braucht. Allerdings fehlt vielen Menschen die Erfahrung, Trauer zu begleiten und Beistand zu leisten, ohne sich in Alltagsfloskeln zu ergehen. Die Ratlosigkeit und Niedergeschlagenheit unmittelbar am dramatischen Geschehen Beteiligter läßt sich nicht auflösen. Sie muß durchlebt werden. Als adäquater Beistand wird häufig schon die bloße Anwesenheit von vertrauten Personen gewertet, ohne daß zwangsläufig mehr geschehen muß. Nach einer Phase des Schweigens, die es auszuhalten gilt, kommen häufig sehr intensive Gespräche in Gang, die Gefühle zu Ausdruck bringen und ein erster Schritt zur Bewältigung der Trauer sein können.
Neben der Trauer kommt nicht selten auch Zorn zum Ausbruch. Die Sinnlosigkeit von Straftaten, die Vermeidbarkeit eines folgenschweren Schußwaffengebrauches, wenn der Täter sich anders verhalten hätte, sind manchmal Anlaß von Zornesausbrüchen. Auch hierbei handelt es sich um normale Reaktionen, die in den allermeisten Fällen von selbst abklingen. Es versteht sich von selbst, daß jegliche Form von Gewalttätigkeiten gegen Personen auszuschließen sind.
Auch das **Gefühl von Schuld** tritt im Zusammenhang mit traumatischen Ereignissen auf. Nach einem Schußwaffengebrauch mit Todes- oder Verletzungsfolgen vermag der Außenstehende solche Gefühle noch nachzuvollziehen, auch dann, wenn von Schuld im rechtlichen Sinne nicht die Rede sein kann. Selbstvorwürfe, man habe nicht genug getan, um Schlimmes zu verhüten, wird man häufig hören. Auch hier entbehren diese Vorwürfe oft einer objektiven Grundlage. Auch Überlebende oder Unverletzte nach besonderen Ereignissen fühlen sich oft schuldig. Betroffene würden sich zu Recht unverstanden fühlen. Gerade Polizisten, die in Ausübung des Dienstes einen Menschen verletzt oder getötet haben, erfahren „Schuld" als

lebensbeeinflussendes Phänomen außerhalb aller juristischen Beurteilungen. Eine psychologische Bearbeitung, die das Phänomen „Schuld" in Schuldgefühle auflösen will, wird bei den Betroffenen kein Verständnis finden und auch keinen Erfolg haben. Tragische Ereignisse, bei denen Menschen „unschuldig schuldig werden", sind schmerzhaft. Ein wichtiger Schritt in der Bewältigung solcher Ereignisse ist es, diesen Schmerz anzunehmen und auszuhalten. Sehr hilfreich ist der kollegiale Beistand unmittelbar nach einem traumatischen Ereignis.

Obwohl sehr intensive Gefühlswahrnehmungen nach einem besonders belastenden Ereignis auftreten, beschreiben zahlreiche Betroffenen gleichwohl eine vorübergehende Gefühlsverarmung. Sie fühlen sich leer, ohne Interessen, und haben den Wunsch, sich zurückzuziehen und in Ruhe gelassen zu werden. Allerdings scheint die Isolation nach einem besonderen Ereignis in der Regel nicht das geeignete Mittel zu sein, Erlebtes adäquat zu verarbeiten.

Traumatische Ereignisse können das Leben der Beteiligten, auch ohne daß sie verletzt worden sind, in einem erheblichen Maße verändern. Die Sichtweise der Zukunft kann schlagartig anders werden. Optimistische und fröhliche Menschen sehen die Zukunft nur noch negativ und ohne Perspektive für sich oder ihre Familie. Manchmal wird das Gefühl der Perspektivlosigkeit von Angstgefühlen, daß sich ein ähnliches traumatisches Ereignis wiederholen könne, begleitet.

Das Wissen um mögliche Reaktionen nach besonderen Belastungen und der Austausch im Kollegengespräch über menschliche Grenzsituationen vor einem besonderen Vorfall macht es wesentlich leichter, mit dem Geschehenen fertig zu werden. Die Vertrauensbasis, die sich für den Umgang nach einem besonderen Ereignis entwickeln muß, hat ihre Basis in der Zeit vor dem Vorfall und kann sich schon in belastungsarmen Phasen entwickeln. Vertrauen und die positive Erfahrung menschlicher Nähe, die Möglichkeit zum offenen Gespräch über eigene Gefühle unterstützen Selbstheilungskräfte, die häufig sehr rasch zur Wiederherstellung des seelischen Gleichgewichts führen.

Der Normalisierungsprozeß nach einer besonderen Belastung besteht darin, diese dramatische Lebensphase zu interpretieren und in die individuelle Lebensbiographie einzuordnen.

Der praktische Ablauf nach einem besonderen Einsatz, der zu psychischen Belastung geführt hat, muß genauso vorbereitet werden wie die inhaltlichen Aspekte einer Nachbereitung. Abgesehen von der rechtlichen Beurteilung unterscheiden sich die Nachbereitungsmaßnahmen nach besonderen beruflichen Belastungen kaum von denen nach einem Schußwaffengebrauch.

Im einzelnen könnten die Maßnahmen nach dem Schußwaffengebrauch bei unverletzten Beteiligten aus folgenden Schritten bestehen:

Maßnahmen nach dem Schußwaffengebrauch

1 Beteiligte werden so schnell wie möglich aus dem Einsatz herausgelöst und insbesondere gegenüber Medienvertretern abgeschirmt.

2 Möglichst schon am Ort des Geschehens wird dem oder den Beteiligten ein Begleiter an die Seite gestellt, der einerseits das Vertrauen des Beteiligten genießt, andererseits auch mit den regulären dienstlichen Abläufen nach einem Schußwaffengebrauch besonders vertraut ist. In der Regel wird es sich dabei um einen Berufskollegen oder eine Berufskollegin handeln. Diese Begleitung hat primär die Funktion, Beteiligte weiterhin abzuschirmen, andererseits aber auch nicht allein zu lassen. Auf die Problematik der Strafverfolgungspflicht, der Vollzugsbeamtinnen und -beamte unterliegen, sei an dieser Stelle erneut hingewiesen. Daher können und sollen die Begleiter von Beamtinnen oder Beamten, die an einem Schußwaffengebrauch beteiligt waren, keine Betreuungsgespräche führen, für die durch Ärzte oder Geistliche das Aussageverweigerungsrecht in Anspruch genommen werden könnte.

Die Akutbetreuung muß nicht zwangsläufig durch Fachleute durchgeführt werden. Sie sind ohnehin erst nach einer Vorlaufzeit verfügbar. Kein Betroffener wird im ersten Moment perfekten Umgang mit der Situation verlangen, sondern den kollegialen Beistand zu schätzen wissen.

Auf Schuldzuweisungen sollte genauso wie auf Lob verzichtet werden. Die Feststellung von juristischer Schuld ist Angelegenheit der Gerichte und nicht des Kollegenkreises. Bei der menschlichen Begleitung nach einer Extremsituation darf kein Unterschied gemacht werden zwischen rechtlich einwandfreier und bedenklicher Maßnahme. Das käme einer Vorverurteilung Betroffener gleich.

Der Umgang mit Sprache erfordert nach einem dramatischen Einsatz besondere Sorgfalt. Worte sind schnell falsch verstanden, auch wenn sie gut gemeint waren.

3 Es erfolgt die Rückfahrt zur Dienststelle. Auch wenn Beteiligte meinen, selbst fahren zu können, muß sichergestellt werden, daß sie gefahren werden, da die Unfallwahrscheinlichkeit nach besonderen Belastungen erheblich ansteigt.

Aus eigenen Erfahrungen im Rahmen von Betreuungen nach besonderen Belastungen ist deutlich geworden, daß auf ein Mithören des Polizeifunks verzichtet werden sollte.

4 In der Dienststelle sollte ein geeigneter ruhiger Raum zur Verfügung stehen, in dem sich Beteiligte und Begleiter aufhalten können.

5 Die notwendigen Maßnahmen zur Beweissicherung sollten unverzüglich und vollständig erfolgen.

6 Beteiligte sollen so frühzeitig wie möglich Kontakt zu ihren Angehörigen aufnehmen können. Die Information, daß sich etwas Besonderes ereignet hat, sollte nicht erst über den Lokalfunk bei der Familie des Beamten eingehen. Es sollte daran gedacht werden, daß wichtige organisatorische Dinge geregelt werden müssen, z. B. die Kinder aus dem Kindergarten abzuholen, Babysitter oder wartende pflegebedürftige Angehörige zu verständigen.

7 Es muß die Möglichkeit zur kurzfristigen Beiziehung eines Rechtsbeistandes bestehen. Nach einer Extrembelastung sollte alles unternommen werden, um Beteiligte zu restabilisieren. Dazu gehört auch, die rechtliche Seite des Geschehens kompetent beurteilen zu lassen, um oft quälende Ungewißheit auszuräumen. Es muß dabei nachdrücklich der Eindruck vermieden werden, daß nur dann eine Rechtsberatung erfolge, wenn „etwas nicht in Ordnung" sei. Die Möglichkeit einer ereignisnahen Rechtsberatung nach dem Schußwaffengebrauch oder einem ähnlichen Ereignis sollte eine Standardmaßnahme sein. Rechtssicherheit vermindert die Auswirkungen eines traumatisierenden Einsatzes.

8 Für die Einsatznachbereitung sollte kurzfristig auf eine Gruppe erfahrener Betreuer zurückgegriffen werden können. Es ist in den einzelnen Bundesländern sehr unterschiedlich, ob und welches Personal zur Verfügung steht. Gerade nach einem Schußwaffengebrauch oder einem vergleichbaren Ereignis muß die Vertraulichkeit von Nachbereitungsgesprächen sichergestellt sein. Nach der derzeitigen Rechtslage können sich nur der Seelsorger und der Arzt auf das Aussageverweigerungsrecht berufen. Für den Seelsorger stellt das Nachbereitungsgespräch formal ein Beichtgespräch dar, für den Arzt ein therapeutisches Gespräch. Um die Erreichbarkeit dieser Betreuer sicherzustellen, sind entsprechende Meldewege festzulegen, die verläßlich und schnell die notwendigen Informationen weiterleiten.

Die Notwendigkeit einer emotional-psychischen Einsatznachbereitung ergibt sich ausschließlich aus der Besonderheit des Einsatzes. Die moderierte Einsatznachbesprechung muß also ebenfalls eine Standardmaßnahme sein.

Ziele der Einsatznachbesprechung sind die Verminderung der psychischen Folgen des Ereignisses und die Beschleunigung des Erholungsprozesses der Beteiligten. Eine geeignete Nachbespre-

Schußwaffengebrauch und extreme Gewalttaten

chung ist in der Lage, streßbedingte Reaktionen und Symptome zu vermindern.

Die Nachbesprechung sollte so kurz wie möglich nach einem besonders belastenden Einsatz in einer reizarmen und vertrauten Umgebung stattfinden. Wichtige Elemente sind die Angleichung vorhandener Informationsanteile, damit die kognitiven Anteile des Geschehens verfügbar gemacht werden. Belastende Erfahrungen, die während des Geschehens gemacht wurden, sollten erörtert werden und mögliche weitere belastende Elemente benannt werden. Der Wert gegenseitiger Hilfe und Unterstützung ist herauszustellen. Möglichkeiten für zusätzliche Hilfsangebote müssen verdeutlicht werden. Eine solche erste Nachbesprechung erfordert einen Zeitrahmen von maximal einer Stunde. Die Teilnahme sollte für alle direkt am Einsatz Beteiligten verbindlich sein. Vom Verlauf der Einsatznachbesprechung hängt es ab, ob weitere Maßnahmen zur Einsatznachbereitung durchgeführt werden müssen.

Eigene Erfahrungen bei Betreuungsmaßnahmen nach besonderen beruflichen Belastungen haben sehr häufig die Notwendigkeit für ein weiteres Gespräch nach 24 bis 48 Stunden gezeigt.

10 Die Wahrnehmung kollegialer Krisenbegleitung ist auch Führungsaufgabe. Die Delegation von Aufgaben ist hier nicht angezeigt. Der Vorgesetzte, der diese Aufgabe persönlich und engagiert wahrnimmt, verdeutlicht dem Betroffenen, daß er in seiner Situation ernst genommen wird.

11 Aktionismus sollte vermieden werden. Es müssen nach Extrembelastungen nicht zwangsläufig negative Symptome auftreten. Weiterführende Betreuungsmaßnahmen, die über die erste Nachbesprechung und den reinen Informationstransfer hinausgehen, sind nur dann sinnvoll, wenn sie mit dem Einverständnis der Betroffenen durchgeführt werden.

Nach Schußwaffengebräuchen mit Verletzungs- oder Todesfolgen können sich bei den beteiligten Personen Unsicherheiten im Umgang mit der Schußwaffe ergeben. Es kann sogar zu einem ausgeprägten Vermeidungsverhalten kommen, das die Einsatzfähigkeit in Frage stellt. Zur Erhaltung der Handlungssicherheit kann es sinnvoll sein, ein spezielles Schießtraining nach einem Schußwaffengebrauch durchzuführen. Es muß dabei allerdings der Eindruck vermieden werden, ein solches Training fände nur deshalb statt, weil das Einsatzergebnis nicht zufriedenstellend gewesen sei. Im Ausland sind mit solchen Trainingsmaßnahmen positive Erfahrungen gemacht worden.

Natürlich lassen sich die psychische Folgen einer traumatisierenden Situation nicht durch ein solides professionelles Instrumentarium ausschließen, sicher aber deutlich vermindern. Schon das Wissen um die möglichen seelischen Folgen einer besonderen Belastung hilft, leichter mit dem Problem fertig zu werden.

5.2 Angehörigenbetreuung bei Entführungslagen

Entführungen stellen seltene und außergewöhnliche polizeiliche Einsatzlagen dar. Zudem wird die Angehörigenbetreuung in dieser Lage von wenigen Polizeibeamten durchgeführt, nämlich von Angehörigen der Spezialeinheiten, genauer den Verhandlungsgruppen der Polizei. Dennoch sollen die damit verbundenen psychischen Belastungsrisiken nachfolgend dargestellt werden, da daran sehr gut erkennbar wird,

– daß diese aus den speziellen Anforderungen des Arbeitsauftrags entstehen (persönliche Schwierigkeiten, Gruppen- und Führungsprobleme können hier – wie überall – natürlich problemverschärfend wirken),

– daß sie sowohl die psychische Stabilität des einzelnen als auch die Effizienz der Arbeit beeinträchtigen und

– daß Lösungen selten auf einer Ebene gefunden werden können, sondern in aller Regel Ausbildungs-, Betreuungs- und organisatorische Maßnahmen erfordern.

Entführungslagen sind meist nur in Kooperation mit den Angehörigen bzw. Bezugspersonen des Opfers zu lösen, zu denen – wenn überhaupt – Täterkontakt besteht und zu erhalten versucht wird. Dies setzt die Akzeptanz der polizeilichen Maßnahmen bei diesen Personen voraus und deren partielle Involvierung in diese Maßnahmen. Dazu ist ein gehöriges Maß an gegenseitigem Vertrauen notwendig sowie eine unter den besonderen Umständen mögliche psychische und physische Stabilität. Gleichzeitig entspricht es der polizeilichen Auftragslage, mögliche Tatbeteiligungen der familiären und außerfamiliären Bezugspersonen des Opfers auszuschließen bzw. zu ermitteln. Damit befinden sich die beteiligten Polizeibeamten von vornherein in einer emotionalen Widersprüchlichkeit, die erstens nicht leicht zu ertragen ist und zweitens nicht verhaltenswirksam werden darf, da sonst das Ziel der Kooperationsbereitschaft aufgegeben werden müßte. Vertrauensgewinn in dieser speziellen Lage erfordert ein besonderes Maß an Bereitschaft, sich auch als Person auf die andere Person einzulassen, „den grünen Rock abzustreifen", um den Menschen dahinter sichtbar werden zu lassen. Dies wiederum nimmt den betroffenen Polizeibeamten die Möglichkeit, sich durch Demonstration und Selbstwahrnehmung beruflicher Merkmale von der Emotionalität des Ereignisses zu distanzieren. Mit zunehmender Einsatzdauer werden Identifikationsprozesse mit der Problematik der betroffenen Familie und deren Wahrnehmung stärker. Begünstigend wirkt dabei die durch den Einsatz erforderliche räumliche Nähe zu vorher unbekannten Menschen, in deren unmittelbarem Wohn- und Lebensbereich sich die Polizeibeamten meist für längere Zeit aufhalten müssen. Hinzu kommt die Tatsache, daß den involvierten Polizeibeamten für die Dauer ihres Einsatzes in der Familie Informationen über die Gesamtmaßnahmen polizeilichen Agierens aus logistischen Gründen nur unzureichend oder gar nicht zukommen können, wodurch sie partiell von ihrem Apparat isoliert, dazu tendieren können, eigene Perspektiven über ein adäquates (polizeiliches) Vorgehen zu entwickeln und schlimmstenfalls mit den Angehörigen zu thematisieren. Dieser Gefahr wird vorgebeugt durch intensive Erörterung der beschriebenen Prozesse und Einübung entgegensteuernder Verhaltensweisen in der Fortbildung und durch einsatzorganisatorische Strukturen, die entsprechende Kontrollmechanismen vorsehen.

„Ich wußte, das Kind ist tot, durfte es den Eltern aber noch nicht sagen. Die beobachteten mich aber so genau, daß die mir das ansahen und andererseits verzweifelt weiter hofften. Das waren Stunden, die ich bis heute nicht vergesse."

Die zitierte Äußerung gibt Auskunft über die emotionale Spannung, in die die Auftragslage den Betroffenen bringen kann und der er sich zumindest für die Dauer des Einsatzes nicht entziehen kann. Gerade im beschriebenen Fall eines Einsatzes, der mit dem Tod des Opfers endet, wird die weitergehende Betreuung durch den Beamten von Angehörigen gelegentlich explizit erwartet und ist in der Vergangenheit z. T. auch versucht worden. Dies ist keineswegs als übersensibel oder überspannt abzutun, sondern vielleicht mit der oft lebenslangen Verbundenheit zwischen Menschen zu vergleichen, die ähnlich schwerwiegende Situationen gemeinsam durchlitten haben. Dennoch darf ein derart weitreichendes Engagement durch den Polizeibeamten nicht wahrgenommen werden, und zwar sowohl im Hinblick auf eine sinnvolle Krisenintervention für die Angehörigen als auch im Hinblick auf seine eigene psychische Stabilität und den Erhalt seiner spezifischen Arbeitsleistung. Die mit dem Ende des Einsatzes zu fordernde emotionale Lösung kann allerdings nicht qua Dienstanweisung herbeigeführt werden, sondern setzt die Gelegenheit voraus, die eigene erlebte Realität im Sinne eines Debriefings nach dem Einsatz thematisieren zu können.

Darüber hinaus müssen Identifikationsprozesse in der gesamten Gruppe diskutiert werden können, auch mit dem möglichen Ergebnis, bestimmte Gruppenmitglieder nicht mit der Aufgabe der Angehörigenbetreuung zu beauftragen. Eine derartige Offenheit und Entscheidungsklarheit fordert im Konfliktfall die Verantwortungsbereitschaft des Gruppenleiters heraus sowie die Möglichkeit eines externen Korrektivs durch Beratung oder Supervision.

6 Besondere Belastungen für Polizeibeamtinnen als Angehörige einer Minorität in der Polizei

Dem folgenden Abschnitt liegt der Ansatz zugrunde, Belastungen im polizeilichen Alltag unter den spezifischen Gegebenheiten konkreter Arbeitssituationen zu betrachten. Exemplarisch wurden für einzelne Aufgaben- und Tätigkeitsbereiche die Faktoren dargestellt, die für die dort tätigen Beamtinnen und Beamten als belastend wirken. Diesem Vorgehen lag die Einsicht zugrunde, daß die Polizei als solche nicht beschreibbar ist aufgrund der Vielfalt an Tätigkeitsfeldern, die sich zusätzlich inhaltlich und bezüglich ihres Grades an Spezifität voneinander unterscheiden. Dennoch lassen sich bestimmte Merkmale identifizieren, die Polizeiarbeit grundsätzlich prägen und als Konstituenten eines umfassenden Berufsverständnisses und einer spezifischen Polizeikultur wirksam sind.

Die spezifischen Aufträge der **Strafverfolgung und der Gefahrenabwehr** mit dem Ziel der Durchsetzung und Aufrechterhaltung des staatlichen Gewaltmonopols bilden den gemeinsamen Ausgangs- und Orientierungspunkt polizeilicher Tätigkeit. Aus den damit verbundenen Rechten und Pflichten ergeben sich Konsequenzen für gesellschaftliche Erwartungen und das Selbstbild der Polizeibeamten, die bis in den Privatbereich reichen. Als Beispiel sei die erweiterte Anzeigepflicht von Straftaten erwähnt, die für Polizeibeamte und Angehörige der Staatsanwaltschaft besteht. Aus der damit verbundenen Garantenstellung des Polizeibeamten gründet sein Beamtenstatus als weiteres verbindendes Merkmal. Die Implikationen dieses Zusammenhangs für das Selbstverständnis des einzelnen und das Zusammengehörigkeitsgefühl als Polizei manifestieren sich im polizeilichen Sprachgebrauch. Die Begriffe (Polizei-)Beamter und Kollege werden, anders als bei Beamten anderer Laufbahnen und Fachrichtungen, als Synonyme benutzt und bezeichnen sowohl den Kollegenstatus als auch den Beruf.

Die Durchsetzung des staatlichen Gewaltmonopols erfordert häufig ein schnelles und koordiniertes Vorgehen, das von einzelnen entschieden, angeordnet und verantwortet werden muß. Daraus ergibt sich die Notwendigkeit einer Hierarchisierung, die in konkreten Einsatzlagen einer militärischen vergleichbar ist. Hierarchisierung, Arbeiten in größeren Verbänden zur Durchsetzung von Herrschaftsansprüchen, die Anwendung physischer Gewalt sind Prinzipien, die kulturell als männlich aufgefaßt werden. Entsprechend ist der Polizistenberuf traditionell ein Männerberuf. Und er ist es – mindestens bezogen auf den zahlenmäßigen Anteil des männlichen Geschlechts – auch heute noch. Selbstverständlich hat dies Implikationen für die spezifische Polizeikultur, d.h. für Werte, Haltungen sowie Sprach- und Verhaltensmuster, die sich berufsspezifisch ausprägen.

Was bedeutet dies für diejenigen in der Polizei, die den genannten Merkmalen nicht umfassend entsprechen, den Polizeibeamtinnen als Minderheit in

Besondere Belastungen für Polizeibeamtinnen

der Polizei? Der Frauenanteil in der Polizei beträgt derzeit in Nordrhein-Westfalen knapp 10 %. Die aktuellen Einstellungsjahrgänge weisen einen höheren Frauenanteil aus mit ca. 23 % für den mittleren Dienst 1995 bzw. mit ca. 26 % für den mittleren Dienst 1996 und ca. 28 % den gehobenen Dienst 1995 bzw. 45 % für den gehobenen Dienst 1996. Die zitierten Statistiken (Direktion für Ausbildung der Polizei Nordrhein-Westfalen 1995/1996) beziehen sich auf den Direkteinstieg.

Daran wird folgendes deutlich: Polizeibeamtin zu sein bedeutet, zu einer Minorität im eigenen beruflichen Umfeld zu gehören. Für die einzelne Beamtin stellt sich dies bezogen auf ihr konkretes berufliches Umfeld sehr unterschiedlich dar. Und auch für die männlichen Kollegen, die – wie die obigen Zahlen erkennen lassen – je nach den Alters- und Hierarchiestufen, denen sie zugehören, sehr unterschiedliche Geschlechterrelationen erleben.

Der in den jüngeren Jahrgängen vergleichsweise hohe Frauenanteil bildet einen Wandel im gesellschaftlichen Geschlechtsrollenverhalten ab. Es ist somit schwierig, die geschlechtsbezogene typische Polizeikultur nachzeichnen zu wollen. Derartige Versuche würden dazu führen, gerade diejenigen Vorurteile und Stereotype festzuschreiben, die häufig Ursachen für die besonderen Belastungen bilden, denen Frauen in der Polizei ausgesetzt sind. Andererseits wäre es töricht und heuchlerisch, den eingesetzten zahlenmäßigen Wandel des Geschlechteranteils in der Polizei gleichzusetzen mit einem bereits vollzogenen in Richtung auf eine Berufskultur, die sich als nicht geschlechtsspezifisch darstellt. Jenseits aller Unterschiede, die sich zwischen einzelnen Gruppierungen in der Polizei ergeben, läßt sich folgendes gemeinsame Bild zeichnen:

- Frauen in der Polizei gehören zu einer Minderheit. Aus diesem Status resultieren besondere Konstellationen, die die Belastungen, denen sich berufstätige Frauen ohnehin ausgesetzt sehen, zusätzlich verschärfen. Hinzu kommt, daß sie sich als Minderheit in einem Berufsbereich bewegen, der traditionellerweise mit männlichen Attributen belegt ist.

  Der Frauenanteil ist unter den jüngeren Jahrgängen am größten. Hierunter finden sich diejenigen Positionen, die mit einem eher geringen Status in der Polizeihierarchie und damit den geringsten Möglichkeiten zur Einflußnahme verbunden sind. Hinzu kommt, daß sich die jüngeren Frauen und Männer in einer biographischen Phase befinden, die diesseits der Familiengründung liegt und die unterschiedliche Anforderungen, die sich daraus in der Regel für Männer und Frauen ergeben, noch nicht greifen. Damit entfällt in dieser Lebensphase noch die Problematik der Karrierebeeinflussung, die die Erziehung von Kindern anscheinend zwangsläufig mit sich bringt und die berufliche Rivalitäten zwischen den Geschlechtern bewirkt. Angenäherte Zahlenverhältnisse in diesem Stadium der polizeilichen Karriereentwicklung als Ausdruck der Chancengleichheit zwischen den Geschlechtern zu bewerten wäre etwa so kurzsichtig wie die Geschlechterverteilung im Hörsaal eines geisteswissenschaftlichen (und das heißt sogar frauenlastigen) Studiums als Indi-

kator für die Geschlechterverteilung im Mittelbau oder gar in der Professorenschaft des entsprechenden Studiengangs heranzuziehen.
- Der Frauenanteil an Führungspositionen ist verschwindend gering. Das bedeutet, daß das System Polizei fast ausschließlich von Männern bestimmt wird.

Aus den oben genannten Gründen soll sich die Thematisierung der Minorität Frauen in der Polizei hier auf diese Fakten beschränken. Es läßt sich jedoch zeigen, daß daraus eine Fülle von Problemen entsteht, die zu erheblichen Beeinträchtigungen und Belastungen für die betroffenen Frauen führen. Ergebnisse einschlägiger Untersuchungen, die sich mit den besonderen Belastungen von Frauen in der Polizei im Kontext des Minoritätenstatus beschäftigen, mögen dies belegen. Zunächst einmal sollte herausgestellt werden, daß die Einschätzungen berufsbedingter Belastungsfaktoren durch Polizeibeamte und -beamtinnen grundsätzlich übereinstimmen, wobei die folgenden Faktoren in Befragungen übereinstimmend genannt werden: administrative Ziele und Maßnahmen, mangelnde Unterstützung, ständige Konfrontation mit Konflikt- und Krisensituationen, emotionale Reaktionen auf physische Verletzungen (Kroes 1982, Wexler und Logan 1983). Darüber hinaus tauchen als spezifische Belastungsfaktoren für Polizeibeamtinnen der Ausschluß aus bestimmten Aufgabenbereichen und Formen sexueller Belästigungen auf. Was dabei unter sexueller Belästigung verstanden wird, ist sehr unterschiedlich und reicht von „ständigen Bemerkungen männlicher Kollegen über die körperliche Erscheinung von Kolleginnen und anderen Frauen" über „unerwünschten Berührungen durch männliche Kollegen ausgesetzt zu sein" bis hin zu „tätlichen Übergriffen eindeutig sexuellen Charakters" (Campbell und Brown 1992), wobei die letztgenannte Kategorie relativ geringe Prozentzahlen aufweist und somit nicht zur Erfahrungswirklichkeit der meisten Polizeibeamtinnen gehören dürfte. Man mag in Frage stellen, ob es sinnvoll ist, eine derartige Spannbreite unerwünschter Verhaltensweisen sprachlich derselben Kategorie zuzuordnen. Dies erscheint eher kontraproduktiv, da polemisierend, und sogar sinnverstellend im Hinblick auf den gemeinsamen und belastenden Kern der genannten Verhaltensweisen. Der Streit um Sprache darf jedoch nicht dazu führen, daß die damit geäußerten Inhalte wegdiskutiert werden. Als Belastung wird hier offenbar übergreifend die Tatsache empfunden, daß Polizeibeamtinnen sich in erster Linie als Frauen und nicht als Fachkolleginnen betrachtet und bewertet sehen. Das traditionell durch männliche Tugenden und Fähigkeiten geprägte Polizeibild führt die betroffenen Frauen immer in eine Zwickmühle: Eine gute Polizeibeamtin zu sein bedeutet, sich an einem männlichen Maßstab zu messen. Diese Selbst- und Fremdbewertung fordert oft den Preis der Unterdrückung oder Verleugnung als besonders weiblich geltender Eigenschaften und damit den Verzicht auf die Anerkennung als Frau. Die positive Bewertung weiblicher Eigenschaften (meist gemessen an den Attributen physischer Attraktivität) durch männliche Kollegen indiziert umgekehrt oft den Beweisdruck, „trotzdem" kompetent zu sein.

Interessant erscheint in diesem Zusammenhang ein Ergebnis (Gooch 1991), nach dem derartige Belästigungen von weiblichem Zivilpersonal der Polizei sehr viel seltener beklagt wurden als von Polizeibeamtinnen. Offenbar sind die Ursachen der genannten Belastungsfaktoren also nicht allein dem Geschlecht zuzuordnen, sondern tatsächlich als ein Ergebnis der Interaktion zwischen Geschlechts- und Berufsrollenverständnis zu verstehen. Gutek und Marasch (1982) erklären, daß typische Geschlechtsrollenerwartungen, die für die Arbeitssituation irrelevant sind, dann auf den Arbeitsbereich übertragen werden, wenn das Geschlechterverhältnis verzerrt sei. Dies gelte insbesondere dann, wenn das zahlenmäßig dominante Geschlecht gleichzeitig die mit einem höheren Status gekoppelten Positionen innehabe (Ott 1989). Geschlechtsidentiät werde dann zu einer wichtigeren Kategorie als fachliche Kompetenz. Stockdale (1991) betrachtet die Häufung sexueller bzw. sexistischer Belästigung als Ausfluß einer persönlichen Identitätsfindung vor dem Hintergrund des Gruppenvergleichs. Dort, wo Männer sich als besser geeignet als Frauen empfinden, werten sie weibliche Eigenschaften ab und benutzen sexistische Belästigungen als Instrument, ihre eigene Sicht zu stützen und das Selbstvertrauen der Frauen zu untergraben, wodurch u. U. der Prozeß der sich selbst erfüllenden Prophezeiung in Gang gesetzt werden kann.

Allen **Erklärungsansätzen** gemeinsam scheint die Tatsache, daß Frauen nicht nur deswegen besonderen Belastungen ausgesetzt sind, weil sie sich als Frauen in der Minderheit befinden, sondern weil damit gleichzeitig eine **Unterrepräsentation in statusbezogen höherwertigen Positionen** verbunden ist. Dies darf nicht als schlichtes Statistikproblem abgetan werden, indem der geringere Frauenanteil an Führungspositionen als logische Konsequenz aus dem geringen Anteil an der Grundgesamtheit ausgewiesen wird. Dieser geringere Anteil an der Grundgesamtheit resultiert, wie gezeigt wurde, aus der traditionell männlichen Vorstellung von der Berufsrolle des Polizisten. Die Zeiten befinden sich im Wandel, und es liegt in der Verantwortung des Gesamtsystems Polizei, denjenigen Frauen, die als Protagonistinnen dieses Wandels zu den ersten zahlenmäßig stark repräsentierten Vertreterinnen ihres Geschlechts gehören, den Zugang zu statushöheren Laufbahnpositionen zu erleichtern.

Es wird vorgebracht, daß Polizeibeamtinnen nicht dieselbe Karriereorientierung mitbrächten wie ihre männlichen Kollegen. Ob dies zutrifft oder nicht und ob derartige Aussagen auf validen Messungen beruhen, sei dahingestellt. Wichtig ist festzuhalten, daß junge Frauen und Männer, für die die berufliche Karriere eine zentrale Größe der Lebensplanung darstellt, nicht so töricht sein werden, diese dort realisieren zu wollen, wo sie dafür schlechte Aussichten erwarten. Dies bedeutet, daß diejenigen, die behaupten, Frauen in der Polizei hätten eine relativ geringe Karriereorientierung, sich gleichzeitig fragen müssen, ob die polizeilichen Karrierechancen für Frauen nicht möglicherweise eine entsprechenden Selektion bewirken. Deutliche Hinweise in diese Richtung gehen von den Bedingungen der Ausbildung zum höheren Dienst der Polizei aus. Die Zentralisierung dieser

Ausbildung setzt bei den Absolventen die Bereitschaft und die Möglichkeit voraus, über zwei Jahre an den meist wohnortfernen Ausbildungsorten verbringen zu müssen. Und dies – anders etwa als bei Studenten – in einer Lebensphase, in der sich viele zur Familiengründung entschließen oder bereits (meist noch kleine) Kinder haben. Das heißt auch, in einer Lebensphase, in der die mit der Kindererziehung Beschäftigten, und das sind überwiegend die Mütter, über eine derartige Flexibilität wohl kaum verfügen. Dies vor dem Hintergrund der individuell kaum zu berechnenden Wahrscheinlichkeit einer Zulassung, die bereits an anderer Stelle beschrieben wurde und die eine entsprechend koordinierte Berufs- und Familienplanung unmöglich macht. In diesem Zusammenhang erstaunt im übrigen die Selbstverständlichkeit, mit der jungen Vätern in der Polizei und deren Familien derartige Trennungssituationen als Karrierevoraussetzung zugemutet werden. Möglichkeiten einer besseren Vereinbarkeit von Familie und Karriere in der Polizei würden also nicht nur den Frauen zugute kommen. Voraussetzung für entsprechende Maßnahmen ist die Öffnung für Gedanken, die die soziale Vernetzung des einzelnen stärker berücksichtigen. Dies bedeutet eine Orientierung an – in traditioneller Sichtweise – eher weiblichen Denk- und Erlebensmustern.

Die Belastungen, die sich mit der Tatsache, als Frau zu einer Minderheit in der Polizei zu gehören, ergeben, werden also bereits dann erheblich gemildert, wenn traditionell männliche Denkmuster aufgegeben werden, d.h. der Polizeiberuf nicht mehr als ein typisch männlicher erlebt wird. Derartige Prozesse erfordern sehr viel Offenheit und auch Kämpfe, die mit der Aufgabe von Privilegien (einer Mehrheit) verbunden sind. An die „Bereitschaft aller Beteiligten" zu appellieren ist ebenso opportun wie müßig. Dieser Prozeß wird für die Polizei letztlich von den ökonomischen und personellen gesellschaftlichen Ressourcen bestimmt werden, also schlicht von der Frage, wie viele Frauen man zukünftig brauchen wird, oder von einem politischen Willen, der sich in entsprechenden gesetzlichen und administrativen Bestimmungen manifestieren muß.

Frauen stellen die größte erkennbare Minderheit in der Polizei dar. Deswegen wurde die damit verbundene Problematik an dieser Stelle behandelt. Dies soll nicht den Blick für andere Minderheiten in der Polizei verstellen. Gerade unter dem Aspekt der Bedeutsamkeit der Geschlechtsrollenidentität in einer durch ein Geschlecht dominierten Gruppe wie der Polizei verschärfen sich beispielsweise die Belastungen, denen homosexuelle Kolleginnen und Kollegen ausgesetzt sind.

Ein in der deutschsprachigen Forschungsliteratur bisher völlig vernachlässigtes Thema stellen die Probleme dar, die mit dem Minoritätenstatus derjenigen verbunden sind, die als Angehörige anderer Berufsgruppen in der Polizei arbeiten. Untersuchungsergebnisse, die etwa für Großbritannien vorliegen (Mason 1988; Funnelle, Brown und Woolfenden 1991; Funnelle 1992), lassen sich nicht ohne weiteres auf die Bundesrepublik übertragen, da die administrativen Voraussetzungen andere sind. Zudem ist diese Gruppe wiederum sehr heterogen, so daß auch hier sehr spezifische Kontexte zu betrachten wären. Die Autoren dieses Beitrags verzichten nicht zuletzt deswegen an dieser Stelle auf eine Erörterung, da sie aufgrund der eigenen Zugehörigkeit zu einer solchen Minorität und angesichts der dürftigen Forschungslage sich zu stark der Gefahr einer allzu subjektiven Problembeschreibung unterlegen sehen. Auf Dauer wird sich die Polizei derartiger Fragestellungen jedoch annehmen müssen, da zur Entlastung der Polizeibeamten bestimmte Aufgaben zunehmend von Nicht-Polizisten in der Polizei übernommen werden.

7 Suchtprobleme

7.1 Begriffsbestimmungen

Die meisten Abhängigkeitskrankheiten haben ihre Grundlage in kulturell tolerierten Konsumgewohnheiten, teilweise entspringen sie einem menschlichen Grundbedürfnis wie etwa Essen und Spielen. Manchmal ist die Grundlage der Abhängigkeit wie bei der Medikamentenabhängigkeit sogar ärztlich verordnet. Die Grundlage einer Abhängigkeit ist aber nicht mit der Ursache gleichzusetzen.

Der Begriff „Sucht" beschreibt nach der Definition der Weltgesundheitsorganisation (WHO) aus den 50er Jahren ein Verhalten, das durch wiederkehrende chronische Vergiftungen durch bestimmte auf das zentrale Nervensystem wirkende Stoffe gekennzeichnet ist. Die Begriffsdefinition hat sich in den letzten Jahrzehnten immer wieder geändert. Er wird heute in der wissenschaftlichen Terminologie nicht mehr angewandt und durch den Begriff „Abhängigkeit" ersetzt. Gleichwohl trifft man ihn in der Literatur immer noch an. Er steht oft synonym neben den Begriffen Mißbrauch, Abhängigkeit, Manie oder den verschiedenen -ismen (Alkoholismus, Heroinismus, Kokainismus, Morphinismus). Oft werden die genannten Begriffe aber auch verwendet, um Differenzierungen zu verdeutlichen, die die sehr dünne Grenze zwischen Gebrauch und Mißbrauch beschreiben sollen.

Die Substanzabhängigkeit wird unterschieden in psychische Abhängigkeit und physische Abhängigkeit. Nach der Definition der WHO wird von psychischer Abhängigkeit dann gesprochen, wenn durch die Einnahme einer Droge ein Gefühl der Zufriedenheit in Verbindung mit einem psychischen Zwang zur Wiederholung des Drogenkonsums besteht. Physische Abhängigkeit liegt dann vor, wenn nach mehrmaliger Einnahme der Droge eine körperliche Toleranzentwicklung stattfindet, die zu einer Steigerung der Dosis führt und nach Absetzen körperliche Entzugserscheinungen hervorruft. Psychische Abhängigkeit ist durch ein gelegentliches oder beständiges Suchen nach der Droge gekennzeichnet. Sie beginnt schleichend. Betroffene haben noch lange das Gefühl der Selbststeuerung, obwohl ihr Verhalten schon lange zwanghaft sein kann. Physische Abhängigkeit läßt die Betroffenen nur noch von einer Dosis zur anderen leben. Ohne ihren Suchtstoff haben sie oft schwerste körperliche Beschwerden. Physische Abhängigkeit beinhaltet immer auch die psychische Abhängigkeit. Die Behandlung der psychischen Abhängigkeit stellt in der Therapie des größere Problem dar und erfordert oft Maßnahmen, die sich aus sehr langen stationären Therapien und folgenden ambulanten Maßnahmen zusammensetzen.

Begriffsbestimmungen

Kriterien für Substanzabhängigkeit (nach DSM IV 1996, 243-252)

Toleranzentwicklung
Zur Erzielung der erwünschten Wirkung muß die Dosis erhöht oder öfter zugeführt werden.

Entzugssymptome
Der Substanzentzug führt zu spezifischen körperlichen Entzugserscheinungen, oder der Suchtstoff wird eingenommen, um Entzugserscheinungen zu vermeiden.

Häufiger Konsum
Die Substanz wird häufig in großen Mengen oder länger als beabsichtigt eingenommen.

Erfolglose Versuche, den Konsum zu reduzieren

Soziale Folgen
Für die Beschaffung des Stoffes wird sehr viel Zeit und Mühe aufgewendet. Soziale und berufliche Aktivitäten werden wegen der Substanzabhängigkeit aufgegeben oder eingeschränkt.

Fortgesetzter Substanzkonsum trotz gesundheitlicher Probleme
Die Substanz wird weiter konsumiert, obwohl bereits körperliche oder psychische Störungen aufgetreten sind (z.B. fortgesetzter Alkoholkonsum trotz eines auf den Alkoholkonsum zurückzuführenden Magenleidens, Leberleidens etc.).

Kriterien für Substanzmißbrauch (nach DSM IV 1996)

Unangepaßter und wiederholter Substanzgebrauch
Der Substanzgebrauch hat zum Versagen bei der Erfüllung wichtiger Aufgaben bei der Arbeit, Ausbildung oder in der Familie geführt (z.B. Fernbleiben vom Dienst oder schlechte Arbeitsleistungen als Folge des Substanzkonsums).
Substanzgebrauch in Situationen, in denen es zu Gefährdungen kommen kann (z.B. Alkohol am Steuer).
Der Konsum der Substanz hat zu Konflikten mit gesetzlichen Bestimmungen geführt.
Der Konsum der Substanz wird nicht eingestellt, obwohl es zu Problemen in der Familie oder im sozialen Umfeld gekommen ist (häufige Auseinandersetzungen, Streit mit dem Ehepartner).

Keine Substanzabhängigkeit

7.2 Alkohol

Werden Suchtprobleme innerhalb der Polizei angesprochen, so steht mit Abstand die Alkoholproblematik an der Spitze. Viele Dienststellen unterschätzen die Anzahl alkoholgefährdeter und alkoholkranker Kolleginnen und Kollegen. Im Gegensatz zu den illegalen Suchtstoffen, die innerhalb der Polizei einer konsequenten Ächtung und Strafverfolgung unterliegen, bietet der Suchtstoff Alkohol keine so eindeutige Abgrenzung. Es ist ja immerhin für sehr viele Menschen möglich, Alkohol ohne gesundheitliche, straf- oder disziplinarrechtliche Konsequenzen als Genußmittel zu konsumieren. Er ist weit verbreitet, und fast kein sozialer Kontakt außerhalb des Dienstes findet völlig ohne Alkohol statt. Man trifft sich „auf ein Bier", Dienstgruppen „gehen einen trinken", und auf Parties werden überwiegend alkoholische Getränke angeboten. Regional unterschiedlich werden alkoholische Getränke als Lebensmittel betrachtet, die in Maßen konsumiert, beispielsweise zum Essen, nicht als problematisch angesehen werden. Es soll in diesem Kapitel auch gar nicht um die Verteufelung der Droge Alkohol gehen, sondern es sollen Wege aufgezeichnet werden, wie mit Alkoholproblemen umgegangen werden kann und welche Möglichkeiten innerhalb der Polizei bestehen, wirksame Prävention zu betreiben.

Man geht derzeit von etwa 2,5 Millionen Alkoholkranken in der Bundesrepublik Deutschland aus. Außerdem wird eine Zahl von 800 000 Medikamentenabhängigen und 100 000 Rauschgiftabhängigen angenommen. Betroffene sog. anderer Süchte wie Nikotinsucht, Spielsucht, Kaufsucht oder Eßstörungen müssen zu dieser großen Anzahl Betroffener noch zugefügt werden. Im Bereich der gewerblichen Wirtschaft wird von einem Anteil von etwa 5 Prozent der Beschäftigten ausgegangen, die alkoholkrank sind. Ein etwa doppelt so großer Anteil gilt als alkoholgefährdet.

Diese Zahlen können mit einer gewissen Schwankungsbreite auch auf den Polizeibereich übertragen werden. Sie veranschaulichen eindringlich die Größenordnung des Problems. Die Auswirkungen allein von Alkoholproblemen am Arbeitsplatz sind gravierend und vielfältig. Die Arbeitsleistung sinkt und die Fehlzeiten steigen, trinkende Mitarbeiter erkranken häufiger und sind öfter in Unfälle verwickelt. Auswirkungen am Arbeitsplatz zeigen sich in unterschiedlicher Weise. Es besteht, gerade im Bereich der Polizei, Gefahr für Dritte. Fehlentscheidungen sind gegenüber dem Bürger, aber auch im Verwaltungsablauf rechtlich bedenklich und auch unter Kostengesichtspunkten problematisch. Fristgebundene Arbeiten oder Einsätze müssen durch andere Bedienstete übernommen werden. Manche Aufgaben bleiben liegen. Kleine Arbeitseinheiten werden oft an den Rand des Zusammenbruchs gebracht. Eine kleine Dienstgruppe mit einem trinkenden Mitarbeiter, der oft kurzfristig fehlt, hat nicht mehr die Möglichkeit, in angemessener Weise dienstfrei zu gewähren. Freizeit wird gestrichen, die Mehrbelastung und die Unzufriedenheit der anderen Kollegen steigen.

Dieses Phänomen ist natürlich von betriebswirtschaftlicher Bedeutung, und eigentlich wäre auch zu erwarten, daß Kollegen von Betroffenen sich schon

Alkohol

angesichts der Mehrarbeit, die durch einen alkoholkranken Beamten entsteht, zur Wehr setzen und eine Verhaltensänderung des Alkoholkranken fordern. Das geschieht erst, wenn überhaupt, sehr spät. Zunächst wird der trinkende Kollege gedeckt, es entsteht eine besondere Form von Solidargemeinschaft, die dem trinkenden Kollegen erst sein Trinken ermöglicht. Es gilt nach wie vor, sich so zu verhalten, daß ein Kollege „nicht in die Pfanne gehauen wird", auch dann, wenn genau dieses Verhalten dem betroffenen Kollegen und seinen Angehörigen, aber auch der Dienststelle nur schadet und einen krankhaften Prozeß mit seinen gesundheitlichen und sozialen Folgen verlängert.

Der Einstieg in die Alkoholabhängigkeit ist legal und erfolgt schleichend. Alkohol als Genußmittel ist nahezu überall erhältlich. Trinken findet immer noch soziale Akzeptanz, ein „ganzer Kerl" ist man nur dann, wenn man auch „etwas verträgt". Später Abhängige machen die Erfahrung, daß der Alkoholkonsum psychische Spannungen nimmt und seelisch erleichtert, unter Alkohol werden Angst und Minderwertigkeitsgefühle verdeckt. Diese Voraussetzungen begünstigen das Entstehen einer psychischen Abhängigkeit. Immer dann, wenn Alkohol zur Verminderung von psychischen Spannungen verwendet wird, ist der erste Schritt in Richtung Abhängigkeit bereits getan. Subjektive Erleichterung fördert die Gewöhnung an den Alkohol. Es kommt bei Gefährdeten zur Dosiserhöhung, um den gewünschten Effekt zu erzielen. Allmählich steigt das Verlangen nach Alkohol, das Suchtmittel beherrscht mehr und mehr die Gedanken. Ziel des Tages ist beispielsweise das Trinken nach Feierabend. Die Fähigkeit, insbesondere in Belastungssituationen, ohne den Suchtstoff auszukommen, nimmt mehr und mehr ab. Dem Betroffenen fällt die Dosissteigerung auf, er entwickelt häufig Schuldgefühle und fängt an, heimlich zu trinken. Das Thema Alkohol wird vermieden. Es kommt zum Auftreten von Erinnerungslücken („Filmrissen").

Scheitelpunkt in der Entwicklung der Alkoholabhängigkeit ist der sogenannte **Kontrollverlust.** Der Trinkende ist nicht mehr in der Lage, selbst nach kleinen Alkoholmengen, willentlich das Ende der Alkoholaufnahme zu bestimmen. Der Betroffene entwickelt zunehmend Alibis, Alkohol zu trinken. Durch exzessives Trinken gelangt der Alkoholiker mehr und mehr in die Isolation. Häufig wird allein getrunken, gleichzeitig versucht der Trinkende über sein auffälliges Verhalten durch aggressives Benehmen hinwegzutäuschen. Schließlich kommt es bei steigendem Leidensdruck zum Versuch, Phasen der Abstinenz einzufügen, die allerdings nur von kurzer Dauer sind, oder feste Trinksysteme („erst nach dem Mittagessen ...") zu etablieren. Schuldgefühle wegen des Scheiterns der Abstinenzversuche werden durch erneutes Trinken bekämpft. Es kommt zu Fehlzeiten am Arbeitsplatz, auch das unentschuldigte Fehlen nimmt zu. Der Beamte versucht, nachträglich Urlaub oder dienstfrei gewährt zu bekommen, läßt sich durch Dritte, z. B. den Ehepartner, entschuldigen.

Schließlich kreist das ganze Denken um den Alkohol. Das Äußere wird vernachlässigt, das Interesse an Mitmenschen und Familie geht verloren,

Suchtprobleme

der Alkoholkranke entwickelt stärkstes Selbstmitleid. Ein wichtiges Indiz für das Vorliegen einer fortgeschrittenen Alkoholabhängigkeit ist das morgendliche Trinken. Morgens auftretende Entzugserscheinungen werden durch Alkoholkonsum gemildert. Die Befürchtung, ohne Alkohol dazustehen, veranlaßt, Vorräte an Alkohol anzulegen. Die richtige Ernährung wird vernachlässigt, und es kommt nunmehr auch zu Krankenhausaufenthalten wegen gesundheitlicher Folgen der Abhängigkeit. Es kann sich dabei um Magengeschwüre, Magenschleimhautentzündungen, Magenbluten oder Bauchspeicheldrüsenentzündungen handeln. Im weit fortgeschrittenen Stadium der Alkoholabhängigkeit kommt es zu tagelangen Rauschzuständen, Denkstörungen und alkoholbedingten Wahnvorstellungen. Der Alkoholiker trinkt mit Menschen unter seinem sozialen Niveau, auch werden Alkoholersatzstoffe wie Haar- oder Rasierwässer konsumiert. Trinkpausen können lebensbedrohliche Entzugserscheinungen auslösen. Die Toleranz gegenüber Alkohol sinkt. Kleine Alkoholmengen können schon erhebliche Rauschzustände hervorrufen. Falls zu diesem Zeitpunkt noch keine schweren körperlichen Schäden eingetreten sind, besteht bei Behandlungsbereitschaft immer noch die Möglichkeit zur Therapie. Es werden unterschiedliche Typen des Trinkers (nach Jellinek) unterschieden:

Trinker-Typen

Alpha-Typ

Konflikttrinker
Konflikte werden nicht gelöst, sondern in Alkohol „ertränkt".
Psychische Abhängigkeit

Beta-Typ

Gelegenheitstrinker
Das Trinkverhalten wird vom Umfeld des Betroffenen bestimmt und die Gelegenheit zum Trinken wird durch den Betroffenen zu jeder Zeit wahrgenommen.
Psychische Abhängigkeit

Gamma-Typ

Abhängiger Trinker
Trinken mit Kontrollverlust, abstinente Phasen sind möglich.
Das Trinken führt zur psychischen und physischen Abhängigkeit.

Delta-Typ

Spiegel-Trinker
Die physische Abhängigkeit erfordert einen beständigen Alkoholspiegel im Blut, Abstinenzphasen sind nicht möglich, Kontrollverlust tritt nicht auf.
Physische und psychische Abhängigkeit

Epsilon-Typ
Quartals-Trinker
Der Alkoholkonsum erfolgt episodisch und exzessiv. In den Trinkphasen besteht Kontrollverlust. Längere Abstinenzphasen sind möglich.
Psychische Abhängigkeit

Die Alkoholkrankheit entwickelt sich langsam, meist über viele Jahre und ist nicht nur Folge des gesellschaftlich sanktionierten und weit verbreiteten Alkoholgenusses, sondern auch der Scheu, erkennbare Alkoholprobleme anzusprechen. Alkoholprobleme werden eher zugedeckt und verharmlost. Auffälligkeiten wie die häufige Alkoholfahne, Fehltage und die mangelhafte Arbeitsleistung werden zwar wahrgenommen, aber von Kollegen und Vorgesetzten nicht angesprochen.

Verhaltensauffälligkeiten bei Alkoholikern

A. Auffälligkeiten im Dienst

Unpünktlichkeit und Unzuverlässigkeit
- Auffallende Vergeßlichkeit
- Zusagen und Termine werden nicht eingehalten
- Häufiges Zuspätkommen
- Überlange Mittagspausen

Schlechte oder schwankende Leistungen
- Bearbeitungsdauer von Vorgängen steigt
- Höhere Fehlerquote
- Schwankender Leistungswille
- Abnahme von Verantwortungsbereitschaft

Häufige Fehlzeiten
- Kurze und zunehmende Fehlzeiten, besonders vor und nach Wochenenden
- Entschuldigungen durch Dritte
- Mehrdienstausgleich ohne Voranmeldung
- Regelmäßiges, nicht dienstlich bedingtes Verlassen des Arbeitsplatzes

Hohe Trinkfestigkeit und sehr hohe Trinkgeschwindigkeit
- Heimliches Trinken
- Vorratshaltung
- Verstecke für Alkoholika

Präsenz bei allen Gelegenheiten, bei denen Alkohol getrunken wird

Leugnen oder Bagatellisieren des Trinkens
- Vermeiden von Gesprächen über Alkohol

Selbstüberschätzung

Emotionale Instabilität

Streitsucht, Gereiztheit

Erhöhte Unfallhäufigkeit

Führerscheinentzug

B. Körperliche Symptome

Alkoholfahne
- Zur Überdeckung einer Alkoholfahne werden häufig scharfe Mundwässer, Pfefferminz o. ä. verwendet.

Gerötete Gesichtshaut

Rote Augen

Lidsäcke, aufgedunsenes Äußeres

Vermehrtes Schwitzen

Gangunsicherheiten

Händezittern

Lallende, verwaschene Sprache

Vernachlässigtes Äußeres
- Ungepflegte Kleidung
- Vernachlässigte Körperpflege

Alkohol

Die manifeste Alkoholerkrankung entsteht nicht von heute auf morgen, sondern stellt den Endpunkt eines oft über Jahre fortschreitenden Prozesses dar, während dessen der Betroffene ungeheuer viel Energie aufwendet, um die Problematik vor sich selbst und vor anderen zu verstecken. Fatalerweise sind diese anderen, das heißt die Personen seines näheren Privat- und Arbeitsumfeldes am Fortschreiten dieses Prozesses beteiligt, ohne dies zu wollen, und oft sogar entgegen ihrer Absicht, dem Betroffenen zu helfen. Der Alkoholismus kann sich letztlich nur soweit entwickeln, wie er vom sozialen Umfeld des Betroffenen aus Unwissenheit oder falsch verstandener Solidarität unterstützt wird. Dieses Phänomen wird mit dem Begriff Co-Alkoholismus beschrieben. Aufgrund seiner Bedeutsamkeit auch für den dienstlichen Alltag soll er im folgenden näher erläutert werden.

Fallbeispiel

POM Grün ist seit längerem mit POM Kupfer gut bekannt, fast befreundet. Seit etwa einem halben Jahr ist Kupfer häufig krank und kommt schon mal verspätet zum Dienst. Beim gemeinsamen Streifendienst wirkt er in letzter Zeit recht fahrig. Grün schlägt ihm deswegen vor, nach dem Dienst mal gemeinsam einen trinken zu gehen, weil er sich davon ein offenes Gespräch mit dem Kollegen erhofft. In der Kneipe betrinkt sich Kupfer, so daß Grün ihn nach Hause bringt. Bei dieser Gelegenheit bittet ihn Kupfers Ehefrau um ein Gespräch. Sie vertraut ihm an, daß ihr Mann seit etwa einem Jahr mehr trinke als ihm bekäme. Er habe aufgrund dessen schon mehrfach nicht zum Dienst gehen können, weswegen sie bei der Dienststelle angerufen habe, um ihn krank zu melden. Beim Hausbau vor drei Jahren sei die Finanzkalkulation wohl so fehlerhaft gewesen, daß das Schuldenaufkommen größer als vermutet sei. Außerdem habe der Sohn Schulschwierigkeiten, was ihren Mann sehr belaste. Sie bittet Grün, mit ihrem Mann doch noch einmal zu sprechen. Außerdem möge er doch ein Auge darauf haben, daß ihr Mann weniger trinke und vor allem bei Feiern mit den Kollegen zurückhaltend sei, damit der Vorgesetzte nichts merke. Vielleicht wäre es ja auch möglich, daß Grün ihrem Mann – vielleicht unter einem Vorwand – eine Fahrgemeinschaft anböte, damit dieser weniger Gelegenheit hätte, nach dem Dienst in der Kneipe zu verschwinden.

Die geschilderte Szene ist recht typisch für den Umgang mit der Alkoholerkrankung eines nahen Angehörigen. Die Ehefrau beobachtet – meist recht hilflos – den steigenden Alkoholkonsum ihres Mannes, macht sich Sorgen und sucht nach Lösungen. Dabei ist zunächst die kausale Verbindung mit bestimmten Belastungsfaktoren (hier: Schulden und Schulschwierigkeiten des Sohnes) hilfreich, da sie den Prozeß verständlicher werden lassen. (Möglicherweise sind diese Faktoren auch tatsächlich Auslöser für den Alkoholmißbrauch, umgekehrt sind die Schwierigkeiten des Sohnes ebensogut als Reaktion auf die Problematik des Vaters denkbar.) Zudem sind damit Rechtfertigungen für das belastende Verhalten des Partners gefunden, die für die Ehefrau die Rolle der Helferin nahelegen. In dieser Funktion tut sie alles, um die Problematik des Mannes nicht offenkundig werden zu lassen. Sie entschuldigt seine Abwesenheit vom Dienst, bittet den Kollegen Grün, dafür Sorge zu tragen, daß ihr Mann sich nicht offen betrinkt, damit der Vorgesetzte nichts merkt. Außerdem bittet sie ihn, ihrem Mann durch die Fahrgemeinschaft Trinkmöglichkeiten zu erschweren.

Mit diesem Vorgehen ist die (leider unbegründete) Hoffnung verknüpft, daß das Alkoholproblem nur vorübergehend bestehe. Und „solange" muß es vertuscht werden, um weitere Folgen abzuwenden. Die Strategie zielt tatsächlich lediglich auf eine kurzfristige Problemlösung, nämlich die Abwendung aktuell zu erwartender Folgen. Und diese sozialen wie – mit der Drohung dienstrechtlicher Maßnahmen verbundenen – materiellen Folgen würden sich nicht nur auf POM Kupfer, sondern auf die gesamte Familie auswirken, weshalb Frau Kupfer aktiv bemüht ist, diese zu verhindern. Hinzu kommt natürlich die Zuneigung zum Ehemann, für den sie (wie auch für sich selbst) die soziale „Bloßstellung" befürchtet. Dieser ist längst in die Zwänge seines Suchtverhaltens geraten, das aufzugeben nur durch die direkte Konfrontation mit den Folgen motiviert werden kann. Und gerade bei der Verhinderung dieser Folgen ist die Ehefrau hilfreich.

Mit fortschreitender Erkrankung steigt die Sanktionsschwelle immer mehr, die erforderlich ist, um das Trinkverhalten zu vermeiden. Hätte Frau Kupfer umgekehrt gleich beim ersten oder zweiten Mal das alkoholbedingte Fernbleiben ihres Mannes vom Dienst nicht mit Krankheit entschuldigt, hätte er dies in irgendeiner Form selbst bewerkstelligen müssen. Dies wäre sicherlich mit Gefühlen der Peinlichkeit verbunden gewesen, also mit einer negativen Konsequenz des Trinkverhaltens, das der Alkoholkranke über lange Zeit übrigens meist recht erfolgreich allein zu kaschieren bemüht ist. Der Prozeß ist im Beispiel bereits so weit fortgeschritten, daß weder Herr Kupfer noch seine Frau offenbar in der Lage sind, die Kontrolle über die Folgen des Trinkens zu wahren. Nun wird POM Grün involviert. Als gut bekannter, fast befreundeter Kollege wird er zur Hilfe vermutlich spontan bereit sein oder sich zumindest verpflichtet fühlen. Die durch die Ehefrau genannte Ursachenzuschreibung wird auch für ihn eine gewisse erleichternde Funktion haben, da sich damit gleichzeitig die Hoffnung verknüpft, daß mit deren Beseitigung das Problem eben auch beseitigt werden wird, also vermutlich nur kurzfristig besteht. Die Angst vor dienstrechtlichen Sanktionen wird für ihn gut nachvollziehbar sein, weswegen er das Anliegen, dafür zu sorgen, „daß der Chef nichts merkt", vermutlich anzunehmen bereit ist. Die Bitte, mit dem Kollegen eine Fahrgemeinschaft zu gründen, ist mit bestimmten täglichen Verpflichtungen verbunden, die einzugehen Grün wahrscheinlich ebenfalls im Sinne des Kollegen und dessen Ehefrau bereit ist. Höchstwahrscheinlich wird Grün – unerfahren mit dem Phänomen des Alkoholismus – tatsächlich das Gefühl haben, hier etwas für seinen Kollegen tun zu können. Etwas, was vermutlich jeder aus der Dienstgruppe ebenso täte und was damit sozial nicht nur akzeptiert, sondern sogar erwünscht ist. Der psychologische Nutzen für ihn selbst liegt also auf der Hand. Dem stehen die Kosten gegenüber, die er zu tragen hätte, wenn er sich dem Hilfeersuchen der Ehefrau verweigert hätte. Er hätte deren Sympathie

Alkohol

riskiert und sich selbst als unkollegial bewertet. Dabei muß deutlich bleiben, daß die Maßnahmen, die die Ehefrau hier vorschlägt, letztlich dazu führen, daß POM Kupfer immer noch keinen Anlaß sehen wird, sein Trinkverhalten zu ändern.

Wie also könnte eine für den Betroffenen (und dessen Ehefrau) wirksame Hilfe aussehen? Die Ehefrau bittet Grün, noch einmal ein Gespräch mit Kupfer zu führen. Dies ist in der Tat der einzig sinnvolle Zugang zur Problematik, den Grün ja auch bereits spontan, leider erfolglos, versucht hatte. Ein solches Gespräch kann nur hilfreich sein, wenn Grün bereit ist, klar und deutlich seine Beobachtungen und die Vermutung, daß dahinter ein Alkoholproblem steckt, mitzuteilen. Sehr höchst wahrscheinlich wird Kupfer dies abstreiten. Eine Diskussion darüber ist sinnlos und sollte nicht geführt werden. Dies sollte dann jedoch explizit gemacht werden. („Wir sollten jetzt keine Diskussion darüber führen, ob meine Vermutung stimmt oder nicht. Das kannst nur du entscheiden, und es steht mit nicht zu, dich in die Rolle desjenigen zu bringen, der sich vor mir rechtfertigt.") Damit wird der Betroffene auf seine Eigenverantwortlichkeit verwiesen. Grün entzieht sich gleichzeitig der „Komplizenrolle" sowie der des Sündenbocks. Dabei sollte es jedoch nicht bleiben. Grün sollte vielmehr versuchen, die Gründe, die Kupfer für sein Verhalten (unter Einbeziehung des Alkoholproblems oder nicht) für maßgeblich hält, zu erfahren und ihn auf entsprechende Hilfs- und Beratungsangebote hinweisen. In diesem Zusammenhang sollte immer auch die Möglichkeit behördeninterner Hilfsangebote (z. B. Soziale Ansprechpartner) angesprochen werden.

Die für das beschriebene Gespräch notwendige Klarheit erfordert Mut. Zusätzlich ist damit zu rechnen, daß Kupfer, der sich mit seinen tatsächlichen Problemen konfrontiert sieht, abwehrend und/oder aggressiv reagieren und vielleicht sogar die Freundschaft beenden wird. Je nachdem wie aufgeschlossen und aufgeklärt die umgebende Dienstgruppe dem Problem Alkoholismus gegenübersteht, wird Grün möglicherweise zusätzlich dem Vorwurf, „unkameradschaftlich und hart" gehandelt zu haben, ausgesetzt sein. Auf jeden Fall wären mit einem solchen Verhalten recht viele Unannehmlichkeiten, psychologische Kosten, verbunden. Ob er diese auf sich zu nehmen bereit ist, muß ganz allein Grün entscheiden und jeder, der sich mit dem Alkoholproblem eines Kollegen konfrontiert sieht. Die Kenntnis der Mechanismen, die Bezugspersonen zum Co-Alkoholismus veranlassen, lassen jedoch die Bewertung der eigenen entsprechenden Verhaltensweisen als „gut gemeinte Unterstützung" nicht zu. Alles, was dazu beiträgt, die Folgen des Alkoholismus zu verdecken, unterstützt diesen selbst, nicht aber den Erkrankten. Die psychologische Klemme, in die der einzelne gerät, wird daran deutlich, daß der Alkoholismus häufig als Problem zwischen verschiedenen Ebenen hin- und hergeschoben wird. (*„Den Alkoholiker auf die Folgen seines Verhaltens hinzuweisen ist eine Führungsaufgabe, nicht meine", „Wie soll ich überhaupt an den Alkoholkranken rankommen, wenn den alle Mitarbeiter decken und mir gegenüber mauern?")*

Zu den bisher dargestellten Mechanismen tritt noch ein weiterer. Alkohol ist ein gesellschaftlich akzeptiertes Genußmittel, dessen kontrollierter Gebrauch mit einem Gewinn (Entspannung, Geselligkeit) verbunden ist. Häufig werden soziale Situationen gerade durch den gemeinsamen Alkoholkonsum mit definiert. (Grün suchte ein vertrauensvolles Gespräch mit Kupfer, indem er ihm vorschlug, *„doch mal gemeinsam einen trinken zu gehen"*.) Die Frage, was denn innerhalb dieses sozialen Rahmens normal und zuträglich ist, läßt sich nicht eindeutig beantworten. Derjenige, der ein „richtiges Alkoholproblem" hat (und das ist immer der andere), bietet mithin einen idealen Maßstab, von dem aus die eigene Abgrenzung ins „Reich der Normalen" gut gelingt. So gesehen wird der Alkoholkranke mißbraucht zur Aufrechterhaltung des eigenen Normbezugs. Diese entlastende Funktion des Alkoholkranken kippt dann in ihr Gegenteil, wenn die Erkrankung so manifest wird, daß der Dienstablauf für die Kollegen deutlich beeinträchtigt wird. Hier endet dann meist auch die „Kameradschaft", und die unausweichliche Einlieferung in die psychiatrische Suchtbehandlung wird mit einer gewissen Erleichterung zur Kenntnis genommen.

Der manifeste Alkoholiker ist weder im beruflichen noch im privaten Umfeld ein gern gesehenes Gruppenmitglied. Ebensowenig akzeptiert wird häufig der, der überhaupt keinen Alkohol konsumiert. Beide entfernen sich von einer unausgesprochenen Norm, die viele Gruppen (auch innerhalb der Polizei) für sich geltend machen. Derzeit kann – gerade unter den jüngeren Kollegen – ein deutlicher Trend zu einer geringeren Alkoholakzeptanz beobachtet werden. Inwieweit Alkohol zu bestimmten Anlässen und begrenzten Zeiten (Beförderungsfeiern etc.) zugelassen werden sollte oder nicht, ist umstritten. Einerseits wird vorgetragen, daß ein striktes Alkoholverbot bei dienstlichen Feiern Alkoholiker nicht vom Trinken abhalte, sondern lediglich alle anderen einschränke. Dem ist entgegenzuhalten, daß die Normsetzung derartiger Gebote bzw. Verbote von nicht zu unterschätzendem Einfluß auf die Entwicklung einer Arbeits- (in diesem Falle Polizei-) Kultur insgesamt ist. Alkoholkonsum als Strategie, auf berufliche Belastungen zu reagieren, liegt um so näher, je geringer die Konsumschwelle insgesamt angesetzt wird. Hinzu kommt, daß die Definition der „fest umgrenzten dienstlichen Anlässe" für den Alkoholkonsum im Bedarfsfall einer nicht zu kontrollierenden Ausweitung unterliegen wird.

Es sollte deutlich werden, daß die Alkoholproblematik, unabhängig davon, ob deren Ursachen in Bedingungen des Arbeitsfeldes liegen oder nicht, durch die Reaktionen der Kollegen in ihrer Prozeßhaftigkeit unterstützt werden kann und sich oft nur zur manifesten Erkrankung entwickelt, „wenn alle mitspielen". Dieses Mitspielen geschieht häufig in wohlmeinender Absicht, ist jedoch durchaus mit psychologischem Nutzen für den vermeintlichen Helfer verbunden. Nur die deutliche Konfrontation des Betroffenen mit den Folgen seines Verhaltens ist als wirksame Hilfe anzusehen. Je eher diese Konfrontation erfolgt, desto größer ist die Wahrscheinlichkeit, den Verlauf des Alkoholismus frühzeitig zu unterbrechen. Dienst-

Alkohol

rechtliche Sanktionen stellen im Zweifelsfall die einzige Möglichkeit dar, auf den Betroffenen zu reagieren und diesem die Notwendigkeit therapeutischer Maßnahmen zu verdeutlichen. Über diese Möglichkeiten sollte sich jeder Vorgesetzte in Zusammenarbeit mit den zuständigen Sozialen Ansprechpartnern der Behörde informieren. In diesem Zusammenhang sei ein weitverbreitetes Mißverständnis aufgeklärt, das sich auf die Effizienz therapeutischer Maßnahmen bezieht. Gegen eine deutliche und das heißt auch disziplinar- und dienstrechtliche Konfrontation des Betroffenen wird häufig eingewandt, daß Therapie nur dann erfolgreich sei, wenn sie freiwillig erfolge. Dies ist richtig, wobei an den Begriff der Freiwilligkeit im therapeutischen Verständnis sehr viel geringere Voraussetzungen gebunden sind, als dies die Alltagssprache nahelegen mag. Freiwilligkeit als Therapievoraussetzung wird für den Alkoholismus bereits dann angenommen, wenn der Betroffene erkennt, daß einzig die therapeutische Intervention die körperlichen, psychischen sowie sozialen und materiellen Folgen seines Suchtverhaltens begrenzen kann. Voraussetzung dafür ist, daß ihm diese Folgen sowohl im privaten als auch im beruflichen Umfeld deutlich vor Augen geführt werden.

Bedienstete, denen ein Kollege oder eine Kollegin wegen seines/ihres Alkoholkonsums aufgefallen ist, sollten dieses Verhalten nicht als Privatangelegenheit der Betroffenen betrachten. Alkohol im Dienst ist ein ernstzunehmendes Problem. Es stellt eine besondere Gefährdung des Betroffenen und seiner Umwelt dar. Alkoholisierte Kollegen sollten auf den Umstand ihrer Alkoholisierung angesprochen werden und zur Änderung ihres Verhaltens aufgefordert werden. Dabei sollte zunächst der Wunsch im Vordergrund stehen, als Kollege helfen zu wollen. Kollegen sollten sich aber nicht aufdrängen. Der Trinkende trägt die Verantwortung für sein Handeln. Es muß dem alkoholkranken Kollegen deutlich gemacht werden, daß die Folgen seines abhängigen Verhaltens nicht länger vertuscht werden. Sollte sich trotz wiederholter Gespräche keine Änderung einstellen, so ist es erforderlich, den Vorgesetzten oder den Personalrat auf das Problem hinzuweisen. Diese Meldung ist oft der einzige Weg, Mißbrauch oder Abhängigkeit zu begegnen und den Abhängigkeitsverlauf zu unterbrechen. In zahlreichen Gesprächen mit Abhängigen, die abstinent leben, wurde deutlich, daß nicht die Meldung beim Vorgesetzten als Problem angesehen wurde, sondern das oft monate- und jahrelange Schweigen der Kollegen. Offenheit ist auch unter Kollegen der erste Schritt zur Hilfe.

Der Vorgesetzte ist im dienstlichen Bereich die erste offizielle Instanz für den Alkoholkranken. Vom Vorgesetzten hängt daher wesentlich ab, welche Möglichkeiten der Suchtkrankenhilfe eingeleitet werden oder ob das Problem verschleiert wird, bis es zu einem schwerwiegenden Problem für Betroffene und Dienststelle geworden ist. Besonders beachtet werden sollte das Einhalten der Vorgesetztenrolle. Der Vorgesetzte ist kein Therapeut. Bei abhängigkeitsbedingten Auffälligkeiten sollten Vorgesetzte rasch handeln. Gespräche, die lange hinausgeschoben werden, werden nicht leichter. Führungskräfte und nachgeordneter Polizeivollzugsdienst sind meist miteinander in der Polizei „groß geworden". Man kennt sich gut und schätzt sich. Die emotionale Nähe zu den Nachgeordneten bringt daher oft größte Schwierigkeiten, auf Konfrontationskurs zu gehen. Der betroffene Kollege sollte merken, daß dem Vorgesetzten wirklich daran gelegen ist, ihm Hilfe anzubieten. Dazu ist ein gutes Vertrauensverhältnis nötig. Auch wenn das erste Gespräch nicht erfolgreich war, sollte dem Betroffenen nachhaltig klar gemacht werden, daß er seinen Alkoholkonsum nicht weiter geheimhalten kann. Vorwürfe allein helfen nicht. Konkrete Hilfsangebote sollten aufgezeigt werden, auf bestehende Beratungsstellen sollte hingewiesen werden. Dem betroffenen Beamten sind die beruflichen Konsequenzen seines Handelns aufzuzeigen, erst die letzte Konsequenz ist die Entlassung. Schon vorher sind Schritte zur Erhöhung des „konstruktiven Leidensdrucks" möglich und notwendig. Angedrohte Konsequenzen bei Nichteinhalten von Vereinbarungen müssen eingehalten werden, da sonst zukünftige Sanktionsdrohungen wirkungslos bleiben werden. In der Phase nach der Therapie sollten dem nun abstinenten Beamten Möglichkeiten zur beruflichen Wiedereingliederung offen gehalten werde. Wichtig ist die Gleichstellung des trockenen Alkoholikers mit den anderen Kollegen. Die normale Leistungsanforderung vermittelt dem Abstinenten das Gefühl, wieder völlig in den Dienst integriert zu sein, und stärkt sein Selbstvertrauen.

Innerhalb der betrieblichen Suchtkrankenhilfe, die auf den Polizeibereich in den wesentlichen Punkten übertragbar ist, hat sich zur Rehabilitation von Alkoholkranken ein Stufenschema etabliert.

Alkohol

Stufenschema

A. Verdacht auf Alkoholkrankheit bzw. -gefährdung
  Vertrauliches Gespräch Beamter – Vorgesetzter
  – keine Aufzeichnungen
  – Auffälligkeiten offen ansprechen
  – Hilfsangebote aufzeigen, Kontakt zum Suchtkrankenhelfer ebnen

B. Innerhalb von 6 Wochen keine Verhaltensänderung
  Gespräch Vorgesetzter – Beamter – Suchtkrankenhelfer
  – Auffälligkeiten direkt ansprechen
  – erneut Hilfsangebot aufzeigen
  – weiteres Verfahren schriftlich festlegen
  – jede weiter Auffälligkeit wird schriftlich protokolliert

C. Innerhalb von drei Monaten keine Verhaltensänderung
  Gespräch Beamter, Vorgesetzter, Dienststellenleiter, Personalrat, Suchtkrankenhelfer, Angehörige des Betroffenen (mit Zustimmung des Beamten)
  – protokollierte Auffälligkeiten vorhalten
  – dienstrechtliche Konsequenzen aufzeigen (Eröffnung eines Disziplinarverfahrens)
  – schriftliche Abmahnung
  – konsequente Kontrollen einführen
    (Alkotest, ärztliche AU-Bescheinigung schon am ersten Tag)
  – Ärztliche Untersuchung veranlassen
  – Hilfsangebot

  Leidensdruck muß unbedingt erhöht werden. Die Folgen des Trinkens müssen gravierender sein als der Gewinn durch das Trinken.

D. Rückfall oder innerhalb von drei Monaten keine Hilfen ergriffen
  Gespräch in gleicher Besetzung wie B.
  – angekündigte Konsequenzen emotionslos und konsequent vollziehen
    (Entwöhnungsbehandlung oder dienstrechtliche Konsequenzen)
  – Eine Woche Bedenkzeit für den Betroffenen.

Suchtprobleme

Tips für die Gesprächsführung

Gespräche mit Alkoholkranken sind für beide am Gespräch beteiligten Parteien nicht angenehm. Betroffene fühlen sich leicht angegriffen, schließlich befürchten sie, man wolle ihnen ihren Suchtstoff entziehen. Sie fühlen sich ertappt und reagieren häufig aggressiv. Erforderlich für den Gesprächseinstieg ist das Benennen von Fakten, die mit dem Alkoholproblem in Beziehung stehen. Es muß sehr genau angegeben werden, was konkret beobachtet wurde. Notizen sind sehr wirksam gegen gute Ausreden. Das Konfrontationsgespräch erfordert eine gute Vorbereitung.

Ein Gespräch ist nur sinnvoll, wenn Betroffene nüchtern sind.

Angetrunken können keine klaren Gedanken gefaßt werden. Thema des Gespräches ist nicht der aktuelle Konsum, sondern die Zeit vorher.

Aggressive Reaktionen einkalkulieren

Sie sind ein Selbstschutzmechanismus der Betroffenen, schließlich soll sich ihr Leben ändern.

Nicht auf die Mitleidschiene abrutschen

Verständnis zeigen und Ursachen ernst nehmen bedeutet gleichzeitig auch, die Betroffenen ernst zu nehmen. Der Alkoholkonsum des Betroffenen ist das anstehende Problem, das es zunächst zu lösen gilt. Erst dann kann man mit der Beseitigung der Ursachen beginnen.

Nicht mit sich handeln lassen

Hinsichtlich des Alkoholproblems gilt die Regel: Alles oder Nichts!
Keine Verhandlungen über die Reduzierung der Trinkmenge.

Kein erhobener Zeigefinger

Moralisierende Belehrungen oder gar Beschimpfungen fördern nur die Abwehrhaltung und bringen nichts. Wer nur getadelt wird, verschließt sich schnell.
Abhängigkeit ist eine Krankheit mit ernster Prognose, die Diagnose stellt der Arzt und nicht der Vorgesetzte.

Nicht von Versprechungen einwickeln lassen

Versprechungen sind zwar ehrlich gemeint, sie können aber nicht eingehalten werden. Wenn der Alkoholiker in der Lage wäre, gemachte Versprechungen einzuhalten, hätte er schon von selbst aufgehört zu trinken.

Konkrete und erreichbare Ziele benennen

Im Gespräch müssen konkrete Beratungs- und Therapiemöglichkeiten benannt werden.

Alkohol

Wege aus der Abhängigkeit

Alkoholprobleme sind sehr komplex und sehr unterschiedlich. Entsprechend differenziert müssen Therapiepläne entwickelt werden. Es gibt nicht eine gleichartige Behandlungsmethode, die bei allen Kranken gleichermaßen erfolgreich ist. Es kommt darauf an, Alkoholkranke möglichst früh in ihrer Abhängigkeitskarriere zu erreichen, dann wenn körperliche und soziale Folgeschäden nicht oder nur in geringem Ausmaß eingetreten sind. Die Auffassung, ein Alkoholiker müsse erst „in der Gosse liegen", bevor ihm geholfen werden könne, ist nicht mehr haltbar. Zwar ist ein konstruktiver Leidensdruck erforderlich, der aber durch Kooperation von seiner Familie, Arbeitsumfeld und Freunden in Verbindung mit dem Therapeuten beim Betroffenen erzielt werden kann.

Der Gesundungsprozeß läuft in vier Schritten ab:

1. Motivationsphase

In der Motivationsphase werden die Voraussetzungen für den Beginn einer Therapie geschaffen. Gespräche mit dem Betroffenen müssen für diesen nachvollziehbar die Ausweglosigkeit seiner Lage und die Notwendigkeit einer Therapie deutlich machen.

2. Entgiftungsphase

Der körperliche Alkoholentzug darf nur unter ärztlicher Aufsicht erfolgen. In der Regel erfolgt dieser in einer Fachabteilung. Mögliche alkoholbedingte Organschäden werden behandelt. Dauer der Entgiftungstherapie: 10-14 Tage. Die Entgiftung allein befähigt nicht zum abstinenten Leben.

3. Entwöhnung

Dem körperlichen Entzug schließt sich die Entwöhnungstherapie an. Sie soll den Betroffenen in die Lage versetzen, zukünftig abstinent zu leben. Das geschieht durch psychotherapeutische Einzel- oder Gruppengespräche, Verhaltenstherapie, Arbeitstherapie, Gestalttherapie u. a. m. Sie kann ambulant oder stationär erfolgen und dauert i. d. R. mehrere Monate. Die Art der Entwöhnungstherapie orientiert sich an den Gegebenheiten des Einzelfalles.

4. Nachsorge

Die Nachsorge dient dem Erhalt der Abstinenzfähigkeit des Betroffenen. Dazu gehört die berufliche Wiedereingliederung des abstinenten Alkoholkranken. Er sollte mit den anderen Bediensteten gleichgestellt werden, Vergünstigungen sollen nicht erfolgen. Oft entwickeln sich abstinente Alkoholkranke zu besonderen Leistungsträgern einer Dienststelle.

Von besondere Bedeutung ist die Rolle der Selbsthilfegruppen. Abhängige sollten regelmäßig Selbsthilfegruppen besuchen, da sie dem kompetenten Erfahrungsaustausch gleichartig Betroffener dienen und ihnen eine aktuelle Reflexion ihrer Situation ermöglichen. Selbsthilfegruppen und Abstinenzbünde dienen der Bewältigung der Abhängigkeitskrankheit.

Wo gibt es Unterstützung?
Die nachfolgend genannten Ansprechpartner stellen eine exemplarische Zusammenstellung dar. Bestimmte Einrichtungen können von Bundesland zu Bundesland variieren.

Innerhalb der Behörde:	**Außerhalb der Behörde:**
Polizeiärztlicher Dienst	Suchtberatungsstellen
Personalrat	Caritas
Soziale Ansprechpartner	Blaues Kreuz
Ehrenamtliche Suchtkrankenhelfer	Selbsthilfegruppen
Hauptamtliche Suchtkrankenhelfer	Kreuzbund, Anonyme Alkoholiker
Sozialdienst	Fachkrankenhäuser
Vorgesetzte	Ärzte
	Gesundheitsämter

7.3 Medikamente

Medikamentenabhängigkeit entsteht meistens über die Langzeitverordnung von abhängigmachenden Arzneimitteln. Es handelt sich dabei nicht um Medikamente, die zur Therapie einer Erkrankung dauerhaft eingenommen werden müssen, wie beispielsweise Medikamente gegen Bluthochdruck, Diabetes etc., sondern um Schmerz-, Schlaf- oder Beruhigungsmittel.

Grundsätzlich ist nahezu jedes Arzneimittel geeignet, Abhängigkeit hervorzurufen. Von besonderer Bedeutung sind Medikamente, die direkt zu einer Verbesserung der Befindlichkeit führen. Das sind zumeist Schmerz-, Schlaf- und Beruhigungsmittel. Auch nicht verschreibungspflichtige Substanzen haben Mißbrauchspotential, so beispielsweise Kopfschmerzmittel mit Coffeinzusatz.

Der Beginn der Medikamentenabhängigkeit verläuft schleichend. Sofern Arzneimittelkonsum nicht im Zusammenhang mit illegalem Drogenkonsum einhergeht, wird er vor dem Hintergrund einer behandlungsbedürftigen Gesundheitsstörung ärztlich verordnet. Gerade Beruhigungsmittel scheinen sehr gut geeignet, berufliche bedingte Belastungssymptomatiken zu lindern und den Konsumenten weiter seine Arbeit tun zu lassen. Konsum und Mißbrauch stehen oft für Durchhalten, Weitermachen und Erhalt der Leistung trotz Krankheit und individueller Leistungsüberforderung. Von Medikamentenmißbrauch sind nach Untersuchungen der Deutschen Hauptstelle gegen Suchtgefahren vor allem Frauen in der Altersgruppe von 40 bis 60 Jahren betroffen. Interventions- und Präventionsprogramme sollten sich deshalb verstärkt auf die Arbeits- und Lebenssituation von Frauen beziehen.

Lange Zeit wurde das Abhängigkeitspotential psychisch wirksamer Pharmaka unterschätzt. Die Gruppe der Benzodiazepine gehört zu den meist verkauften Medikamenten. Namen wie Valium oder Adumbran sind nicht unbekannt und repräsentieren wichtige Vertreter einer Medikamentengruppe. Richtig eingesetzt sind Benzodiazepine eine Bereicherung des therapeutischen Spektrums des Arztes. Sie werden verordnet wegen ihrer dämpfenden und angstlösenden Wirkungen beispielsweise bei der Behandlung von Schlafstörungen und Angsterkrankungen. Zum Indikationsspektrum gehören auch Muskelkrämpfe und Anfallserkrankungen. In höheren Dosierungen können Benzodiazepine euphorisierend wirken. In Verbindung mit Alkohol kommt es zur Wirkungsverstärkung. Höhere Dosierungen führen zur physischen Abhängigkeit. Auch schon in geringen Dosierungen können Beruhigungsmittel, nicht nur die aus der hier exemplarisch genannten Gruppe, arbeitssicherheitsrelevante Veränderungen der Leistungsfähigkeit verursachen, ohne daß Betroffene sich selbst dessen bewußt sein müssen oder sie primär nach außen auffallen würden. Im Gegensatz zum Alkoholmißbrauch besteht hier auch kein „Unrechtsbewußtsein", denn schließlich ist die Substanz ärztlich verordnet worden. Außerdem ist es auch nicht möglich, wie beim Alkohol, grundsätzlich festzulegen, daß Medikamente von Bediensteten während der Dienstzeit nicht einzunehmen seien. Der Laie ist eben nicht in der Lage zu differenzieren, welche Substanzen erlaubt sind und welche nicht. Die Verantwortung verlagert sich hier, wenigstens zu einem großen Anteil, auf den behandelnden Arzt.

Wenn die Abhängigkeitserkrankung fortgeschritten ist, gelten ähnliche Behandlungsstrategien wie bei der Therapie der Alkoholabhängigkeit. Für die Mehrzahl der Betroffenen beginnt das Problem allerdings erst nach der Entwöhnungsbehandlung, wenn der Verzicht auf die streßabschirmende Wirkung des Arzneimittels verzichtet werden muß. Dienststellen müssen sich daher auf oft längere Rehabilitationszeiten einstellen.

7.4 Pathologisches Glücksspiel

Das pathologische Glücksspiel ist eine nicht stoffgebundene Abhängigkeit, die den typischen Verlauf einer Abhängigkeitskarriere zeigt. Es beginnt mit harmloser und unproblematischer Freizeitbeschäftigung, die ein wenig Nervenkitzel mit sich bringt. Im weiteren Verlauf kommt es zur Steigerung der Spielhäufigkeit und auch zur Einsatzsteigerung. Die Risikobereitschaft nimmt zu. Es besteht die Gefahr, die Kontrolle über das Spielen zu verlieren. Bei Verlust besteht der Drang nach Ausgleich, bei Gewinn der Drang nach mehr. Erst wenn das Geld verspielt ist, kann der Spieler vorübergehend aufhören. Es besteht Wiederholungszwang. Nach dem Verlust besteht eine kurzes Erleichterungs- oder Entspannungsgefühl, doch bald führen die Probleme des Alltags mit Schulden und belastenden familiären und beruflichen Schwierigkeiten wieder zur Flucht ins Spiel.

Suchtprobleme

Von pathologischem Glücksspiel kann gesprochen werden wenn:
- der zeitliche und finanzielle Aufwand des Spielens ein Ausmaß erreicht hat, das subjektiven und/oder ökonomischen Leidensdruck hervorruft,
- das Spielen die alltägliche Lebensführung des Betroffenen durch eine übermäßige gedankliche, emotionale und verhaltensmäßige Ausrichtung auf das Spielen einengt,
- im sozialen Umfeld Störungen auftreten.

Nach Schätzungen der Deutschen Hauptstelle gegen Suchtgefahren sind etwa 120 000 Menschen betroffen. Andere Schätzungen gehen von bis zu 500 000 betroffenen pathologischen Spielern aus. Gespielt wird hauptsächlich an Geldautomaten, manchmal auch in Casinos oder Spielbanken. Von besonderer Bedeutung für das pathologische Glücksspiel ist das Aufsuchen einer bestimmten Atmosphäre des Spielortes, der direkte Gewinn oder Verlust und die unterschiedlichen Möglichkeiten, Einsatz, Gewinn und Verlust zu handhaben.

Diagnostische Kriterien für Pathologisches Spielen (nach DSM IV 1996, 698-701)

Andauerndes und wiederkehrendes fehlangepaßtes Spielverhalten mit folgenden Kennzeichen

- stark eingenommen vom Glücksspiel, z. B. starke Beschäftigung mit Spielerfahrungen, verhindern oder Planen der nächsten Spielunternehmungen, Nachdenken über Wege der Geldbeschaffung zum Spielen
- steigende Einsätze sind notwendig, um die gewünschte Erregung zu erzielen
- wiederholte vergebliche Versuche, das Spielen zu kontrollieren, einzuschränken oder aufzugeben
- Unruhe und Gereiztheit beim Versuch, das Spiel einzuschränken oder aufzugeben
- Spielen, um unangenehme Stimmungen zu erleichtern oder Problemen zu entkommen
- Wiederkehr zum Spielort nach Verlust von Geld, um den Verlust auszugleichen
- Spieler belügt Familienmitglieder oder Therapeuten, um über das wahre Ausmaß seines Spielens hinwegzutäuschen
- Begehen illegaler Handlungen wie Fälschung, Betrug, Unterschlagung und Diebstahl, um das Glücksspiel zu finanzieren
- durch das Spielen ausgelöster Verlust oder Gefährdung wichtiger Beziehungen, Ausbildungs- oder Aufstiegsmöglichkeiten

> **Dienstlich relevante Auffälligkeiten pathologischer Glücksspieler**
>
> – **höhere Fehlzeiten**
>   Das Glücksspiel und die Beschaffung von Geld erfordert Zeit, die Vernachlässigung einer gesunden Ernährung und gesunder Lebensumstände führt zu Krankheiten.
>
> – **Störungen im sozialen Umfeld**
>   Es kommt zu Veränderungen der Persönlichkeit, Reizbarkeit, Unruhe, Isolation, Entfremdung von Familie, Freunden und Kollegen. Es bestehen Schwierigkeiten, Schulden zurückzuzahlen.
>
> – **finanzielle Probleme**
>   Die hohen Spielverluste führen zur Überschuldung des Bediensteten mit Gehaltspfändungen und Schulden im Kollegenkreis.
>
> – **Straffälligkeit wegen Geldbeschaffung**

Für eine therapeutische Intervention beim pathologischen Glücksspiel gelten sinngemäß die gleichen Maßnahmen wie bei stoffgebundenen Abhängigkeiten.

7.5 Eßstörungen

Exemplarisch für eine größere Anzahl von Eßstörungen sollen nachfolgend zwei Formen von Eßstörungen dargestellt werden. Dabei handelt es sich um die sog. Magersucht (Anorexia nervosa) und die sog. Eß-Brech-Sucht (Bulimia nervosa).

Die Magersucht ist eine sehr schwere, sogar lebensbedrohliche gesundheitliche Störung, die nicht auf eine körperliche Ursache zurückzuführen ist. Wenn auch die Übersetzung des Fachbegriffes Anorexia „Appetitlosigkeit" bedeutet, so geht dieses Krankheitsbild nicht mit einer Appetitlosigkeit einher, sondern ist wesentlich dadurch gekennzeichnet, daß sich Betroffene weigern, ein Minimum des Körpergewichtes zu halten. Es besteht eine große Angst vor Gewichtszunahme. Die Wahrnehmung des eigenen Körpers ist gestört. Trotz sichtbarer Rippen, hervortretender Wangenknochen und objektiv erheblich zu niedrigem Körpergewicht finden sich die Betroffenen nicht zu dünn. Das Selbstaushungern führt zu schwerwiegenden gesundheitlichen Beeinträchtigungen, je nach Untersuchung wird eine Sterblichkeit von 5 bis 10 Prozent angenommen. Neben der konsequenten Nahrungsrestriktion besteht häufig noch der Mißbrauch von Abführmitteln und ein erstaunliches Maß an sportlicher Betätigung, um nur nicht zuzunehmen. Weitaus häufiger als Männer sind Frauen von der Magersucht betroffen, der Beginn liegt meist zwischen dem 14. und 18. Lebensjahr.

Magersüchtige sind fast immer mit Nahrung und Essen beschäftigt, auch dann, wenn sie damit beschäftigt sind, nicht zuzunehmen. Unter Betroffenen findet man oft gute Köchinnen, die in der Lage sind, ausgefallene und aufwendige Speisefolgen aufzutischen – für andere.

Die Auswirkungen auf das Arbeitsleben verlaufen phasenweise. Zu Beginn der Erkrankung sind die Betroffenen häufig besonders gewissenhaft, leistungsfähig und angepaßt, im weiteren Verlauf kommt es wegen des lebensbedrohlichen Untergewichtes zu stärksten Einbußen des Leistungsvermögens bis zur Arbeitsunfähigkeit. Es besteht eine dringende Behandlungsbedürftigkeit, die sich zunächst mit der dringend notwendigen Gewichtszunahme zu beschäftigen hat, um dann im Rahmen einer psychotherapeutischen Behandlung weitere Schritte in Richtung Gesundung zu gehen. Die Krankheitseinsicht Betroffener ist niedrig.

Die Hauptmerkmale der Eß-Brech-Sucht sind sog. „Freßanfälle", die sich durch ein unkontrolliertes Essen großer Nahrungsmengen auszeichnen. Um nicht an Gewicht zuzunehmen, wird anschließend wieder alles erbrochen. Die während eines „Freßanfalls" zugeführte Nahrung besteht häufig aus süßen, hochkalorischen Speisen, wobei weniger die Art der Nahrung eine entscheidende Rolle spielt als die Menge. Betroffene schämen sich häufig ihrer Eßprobleme und versuchen, sie zu verbergen. „Freßanfälle" finden heimlich statt, sie werden ausgelöst durch eine schlechte emotionale Befindlichkeit oder Belastungen im zwischenmenschlichen Bereich. Während der „Freßattacke" kommt es kurzfristig zu einer Verbesserung der Stimmungslage, im Anschluß kommt es aber dann wieder zu Depressionen und starker Selbstkritik. Nach dem Erbrechen fühlen sich die Betroffenen erleichtert und die Angst vor der Gewichtszunahme verschwindet. Bei der Eß-Brech-Sucht handelt es sich um ein sehr kostspieliges Leiden.

Im dienstlichen Alltag bleiben Betroffene lange Zeit unauffällig. Gesundheitliche Beeinträchtigungen können auftreten, sie sind aber nicht so augenfällig wie bei der Magersucht. Es kann sich dabei um Mangelerscheinungen, säurebedingten Zahnverfall oder Darmstörungen handeln. Bei einem erheblichen Anteil von Bulimikern bestehen Schwierigkeiten im Bereich von Partnerschaft und Familie. Ähnlich wie bei der Magersucht handelt es sich bei der Eß-Brech-Sucht auch um eine Erkrankung, die vorwiegend junge Frauen betrifft. Die Bulimie bedarf psychotherapeutischer Behandlung, Spontanremissionen sind selten.

Bei einer hohen Einstellungsquote von Polizeivollzugsbeamtinnen wird das Problem der Eßstörungen zunehmend auch ein Problem innerhalb der Polizei sein. Weitverbreitete, nicht nur männliche Schönheitsideale bevorzugen die schlanke Frau. Daneben haben sich Beamtinnen in den nächsten Jahren immer noch mit Widerständen in der Organisation auseinanderzusetzen. Karriere und Anerkennung muß erkämpft werden, mehr als das bei

Eßstörungen

ihren männlichen Kollegen der Fall ist. Das im Zusammenhang mit den genannten Eßstörungen gestörte Selbstbewußtsein wird dadurch noch weiter beeinträchtigt und begünstigt das Entstehen oder die Fortdauer der Krankheit.

Erfahrungen in der behördlichen Suchtkrankenhilfe liegen zwar vor, sie sind aber nicht zu vergleichen mit dem großen Erfahrungsfundus im Zusammenhang mit Alkoholproblemen. Behandlungsziel kann nicht die Abstinenz sein, sondern der kontrollierte Umgang mit der Ernährung. Als Ansprechpartner kommen Selbsthilfegruppen, Ärzte, Fachkliniken und behördliche Suchtkrankenhelfer in Betracht.

Literatur

American Psychiatric Association (APA) (Hg.): Diagnostic and statistical manual of mental disorders, 3. Aufl. (DSM-III-R). Washington 1987

American Psychiatric Association (APA) (Hg.): Diagnostic and statistical manual of mental disorders, 4. Aufl. (DSM IV). Washington 1994. Deutsche Übersetzung: Saß, Wittchen, Zaudig. Göttingen 1996

Andreasen, N.: Posttraumatic Stress Disorder. In: Kaplan, H./Sadock, B. (Hg.): Textbook of Psychiatry, IV, vol. 1 1985, 918-924, Baltimore 1985

von Baeyer, W./Häfner, H./Kisker, K.: Psychiatrie der Verfolgten: Psychopathologische und gutachterliche Erfahrungen an Opfern der nationalsozialistischen Verfolgung und vergleichbarer Extrembelastungen. Berlin 1964

Bornewasser, M./Eckert, R.: Belastungen und Gefährdungen von Polizeibeamtinnen und -beamten im alltäglichen Umgang mit Fremden. Abschlußbericht zum Projekt „Polizei und Fremde". Münster/Trier 1995

Buchmann, K. E.: Polizeibeamte als Opfer traumatischer Erlebnisse. In: Bundeskriminalamt (Hg.): Das Opfer und die Kriminalitätsbekämpfung. Wiesbaden 1995, 181-200

Campbell, E. A./Brown, J. M.: Sexual harassment: Experience and Impact. Paper presented to the Women in Psychology Conference. University of Lancaster, July, 1992, 10-12

Cherniss, C.: Professional burnout in human service organizations. New York 1980

Delwich, J./Brodsky, A.: Burnout. „Burnout: stages of disillusionment in the helping professions". New York 1980

Deusinger, I. M.: Polizeiforschung. In: Kriminalistik 11/95, 707-710

Direktion für Ausbildung der Polizei Nordrhein-Westfalen, Abteilung Werbung und Auswahl (Hg.): Nachwuchsgewinnung der Polizei NRW. Münster 1995 und Münster 1996

Feltes, T./Rebscher, E.: Polizei und Bevölkerung. Beiträge zum Verhältnis zwischen Polizei und Bevölkerung und zur gemeindebezogenen Polizeiarbeit („Community Policing"). Holzkirchen 1990

Freud, S.: Jenseits des Lustprinzips. 2. Aufl. Leipzig 1921

Funnelle, R.: Survey of sexual harassment of civilian staff within the Hampshire Constabulary. Unveröffentlichte Studie. Hampshire Constabulary Research and Development Department, Report 126, 1992

Funnelle, R./Brown, J./Woolfenden, S.: Stress in control rooms, a comparative study of Hampshire and Merseyside Police. Unveröffentlichte Studie. Hampshire Constabulary Research and Development Department, Report 121, 1991

Gercke, J.: Zur psychischen Belastung von Todesermittlern. In: Kriminalistik 1/95, 29-34

Gersons, B.-P.: Patterns of PTSD among police officers following shooting incidents: A two-dimensional model and treatment implications. In: Journal of Traumatic Stress, Vol. 2/1989, 247-257

Gooch, K.: (E)quality of service? Unveröffentlichte Studie. Bramshill, UK: Police Staff College 1991

Greuel, L./Scholz, O. B.: Einstellungsstrukturen bei der polizeilichen Vernehmung von vergewaltigten Frauen. In: Egg, R. (Hg.): Brennpunkte der Rechtspsychologie. Bonn 1991, 55-65

Gutek, B. A./Morasch, B.: Sex ratios, sex role spillover and sexual harassment at work. In: Journal of Social Issues, 38, 1982, 55-74

Hartmann, V.: PTSD bei Besatzungsangehörigen deutscher U-Boote im Krieg. Vortrag auf dem 27. Kongress der Deutschen Gesellschaft für Wehrmedizin und Wehrpharmacie. Amberg 1996

Helzer, J. E./Robins, L. N./Mc. Evoy, L.: Posttraumatic Stress Disorder in the general population. In: New England Journal of Medicine, 317/1987, 1630-1634

Holmes, T. S./Rahe, R. H.: The social readjustment rating scale. In: Journal of Psychosomatic Research, 11/1967, 213-218

Kroes, W.: Job Stress in policewomen: An empirical study. In: Police Stress, Winter, 1982

Lazarus, R. S.: Psychological Streß and the coping process. New York 1966 12

Lazarus, R. S./Launier, R.: Stress-related transactions between person and environment. In: Pervon, L. A./Lewis, M. (Hg.): Internal and external determinants of behavior. New York 1978

Mason, G.: Are civilians second class policemen? In: Police Review, 1, July, 1988, 1374-1375

Merten, K.: Die Externalisierung des Studiums am Fachbereich Polizei Chancen und Risiken –. In: Die Polizei, 87. Jg., Heft 9, September 1996

Mitchell, J. T./Everty, G. S. Jr.: Critical Incident Stress Debriefing: An Optional Manual for the Prevention of Traumatic Strss among Emergency Services and Disaster Workers. Baltimore 1993

Oligny, M.: Burnout in the Police Environment. In: Interpol: International criminal police review, January – February, 1994, 22-25

Oppenheim, H.: Die traumatischen Neurosen: nach in der Nervenklinik der Charité in den letzten 5 Jahren gesammelten Beobachtungen. Berlin 1989

Ott, E. M.: Effects of the male-female ratio at work: Policewomen and male nurses. Psychology of Women Quarterly, 13, 1989, 41-57

Steffen, W.: Gewalt von Männern gegenüber Frauen: Befunde und Vorschläge zum polizeilichen Umgang mit weiblichen Opfern von Gewalttaten. München 1987, 77-95

Stockdale, J.: Sexual harassment at work. In: Firth Cozens, J./West, M. (Hg.): Women at Work. Psychological and Organisation Perspectives. Milton Keynes, UK: Open University Press 1991

Wexler, J. G./Logan, D. D.: Sources of Stress among women police officers. In: Journal of Police Science and Administration, 11, 1983, 46-53

Wilmer, R.: Bildungscontrolling in der polizeilichen Fortbildung. In: Kriminalistik 5/97, 357-363

Stichwortverzeichnis

Abhängigkeit 8, 9, 27, 60, 92, 95, 96, 97, 103, 106, 107, 108, 109
Abhängigkeitskrankheiten 92
Abmahnung 105
Adaptation 16
Akutbetreuung 81
Akute Belastungsreaktion 23
Alkohol 31, 93, 94, 95, 96, 97, 98, 99, 101, 102, 103, 105, 107, 109
Alkoholabhängigkeit 95, 96, 109
Alkoholerkrankung 99
Alkoholiker 95, 96, 101, 102, 106, 107, 108
Alkoholismus 32, 92, 99, 100, 101, 102, 103
Alkoholprobleme 94, 97, 107, 113
Alkoholverbot 102
Alltagskriminalität 48, 49, 50
Anforderungsprofile 30
Angehörigenbetreuung 84, 85
Angst 7, 20, 22, 23, 26, 27, 36, 39, 41, 43, 62, 76, 80, 95, 100, 109, 111, 112
Ansprechpartner 7, 65, 101, 108, 113
Arbeitsbedingungen 12, 17
Arbeitszufriedenheit 52, 53
Arzt 10, 60, 82, 106, 109
Aus- und Fortbildung 10, 19, 20, 28, 33, 36, 37, 46, 55, 64, 67, 72, 77
Aussageverweigerungsrecht 81, 82
Auswahlverfahren 34, 35

Beanspruchung 17
Bedrohung 15, 56, 75
Bedürfnishierarchie 39
Bedürfnisse 38, 39, 40, 45
Begleitung Sterbender 44
Beistand 79, 80, 81
Belastungen 9, 10, 11, 12, 17, 19, 20, 21, 22, 27, 29, 33, 38, 40, 42, 44, 45, 46, 47, 48, 50, 52, 54, 56, 58, 60, 62, 64, 66, 68, 70, 72, 74, 76, 77, 78, 79, 80, 81, 82, 83, 84, 86, 87, 88, 89, 90, 91, 102, 112
Belastungsfaktoren 9, 10, 13, 45, 46, 50, 52, 56, 57, 66, 69, 70, 72, 88, 89, 99

Belastungsprozeß 17
Benzodiazepine 109
Beruhigungsmittel 108, 109
Betreuung 9, 14, 19, 20, 27, 30, 40, 42, 57, 85
Betreuungs- und Unterstützungsmöglichkeiten 14
Bewältigung 10, 20, 27, 28, 48, 67, 77, 78, 79, 80, 108
Bewältigungsmechanismen 14, 17, 57
Beweissicherung 82
Bewußtlose 41, 43, 45
Bürgerkontakt 34
Bürgernähe 8, 19
Burnout 11, 30, 31, 32, 33, 34, 35, 37, 48, 55, 59, 61, 64, 65, 68, 72
Burnout-Risikofaktoren 37

CISD 28
Copingmechanismen 14

Da Costa-Syndrom 20
Debriefing 28, 29, 115
Deeskalation 8
Demonstration 7, 8, 34, 36, 37, 84
Depressionen 22, 26, 31, 112
Dienstunfallschutz 76
Dienstunterricht 77
Droge 24, 92, 94

Effizienz 32, 47, 54, 84, 103
Einsatz 7, 26, 27, 35, 36, 40, 47, 54, 71, 76, 80, 81, 83, 84, 85, 110
Einsatzfahrt 26
Einsatznachbereitung 78, 82, 83
Emotionale Spannung 85
Entfremdung 25, 111
Entführung 84, 85
Entgiftungsphase 107
Entlastungsstrategien 32
Entwöhnung 107
Entzugserscheinungen 92, 93, 96
Ermittlungsverfahren 26, 77
Erste Hilfe 38, 41, 42
Erster Weltkrieg 21

117

Stichwortverzeichnis

Ersthelfer 41, 42
Eß-Brech-Sucht 111, 112
Eßstörungen 94, 111, 112, 113
Extrembelastung 82, 83
Extremsituation 66, 67, 81

Fallbeispiel 26, 57, 99
Falschbeschuldigung 62
Flashback-Episoden 23, 24
Frauenanteil 87, 88, 89
Fremde 45, 46, 47, 48
Fremdenfeindlichkeit 46
Freßanfälle 112
Frustrationstoleranz 13
Führungsaufgabe 83, 101
Furcht 16, 23, 24

Gefechtsneurosen 22
Geschlechterverteilung 87, 88
Gesprächsführung 106
Gewalt 15, 27, 56, 86
Gewaltanwendung 74
Gewalttaten 74, 75, 76, 77, 79, 81, 83
Glaubwürdigkeit 52, 54, 63
Glücksspiel 109, 110, 111
Grenzsituationen 74, 80
Grundausbildung 37
Gruppenbetreuung 28

Helfer 39, 41, 42, 43, 67, 102
Hilflosigkeit 16, 23, 24, 40, 46, 67, 70

Ich-Ideal 7
Identifikationsprozesse 84, 85
Isolation 31, 32, 80, 95, 111
Kampfstreß 21
Katastrophe 16, 28, 29
Kinder 13, 25, 41, 69, 82, 90
Kindstod 69, 71
Kontrollen 14, 34, 105
Kontrollverlust 95, 96, 97
Körperkontakt 43, 45
Kriegsbelastung 21
Krisenintervention 19, 28, 65, 85

Lebensretter 26
Lebensumstände 17, 18, 19, 111
Legalitätsprinzip 76
Leichen 66, 72, 73

Leistungsgesellschaft 12
Leitstelle 49

Magersucht 111, 112
Männlichkeitsideal 7
Medikamentenabhängigkeit 92, 108
Minorität 86, 87, 88, 91
Mißbrauch 48, 57, 58, 60, 92, 103, 108, 111
Mißbrauchsopfer 58
Mißbrauchspotential 108
Modulausbildung 36, 37
Motivationsphase 107

Nachsorge 46, 107
Normalität 28

Öffentlichkeit 47, 74, 76
Opferbegriff 9
Opferhilfseinrichtungen 60
Opferzentrierung 59

Polizei 7, 8, 9, 10, 14, 16, 19, 20, 26, 28, 33, 34, 37, 38, 40, 46, 47, 48, 49, 50, 51, 52, 53, 56, 57, 58, 60, 61, 63, 66, 68, 69, 70, 71, 72, 74, 75, 77, 84, 86, 87, 88, 89, 90, 91, 94, 102, 104, 112
Polizeikultur 9, 86, 87
Polizeiliche Handlungsfelder 9, 10, 30, 37
Posttraumatische Belastungsstörung 20, 21, 23, 24, 25, 27
Posttraumatische Störungen 16
Prävalenz 27
Prävention 28, 30, 33, 38, 52, 53, 55, 94
Präventionsarbeit 52, 53, 54
Präventionskommissariaten 8
Privatsphäre 50
Professionalisierung 10, 55, 59, 61, 64
Professionalität 7, 35, 36, 55, 65
Prophylaxe 33, 34, 35, 37, 48, 55, 59, 61, 64, 72
Psychohygiene 78
Psychologen 33
Psychotherapie 28, 29
PTSD 11, 22, 27, 29

Stichwortverzeichnis

Qualifikationskriterium 13
Rangfolge 17, 18, 19
Rechtsbeistand 82
Reizbarkeit 23, 25, 111
Reize 13, 14, 15
Risikofaktoren 27, 37, 70
Ritual 78
Routinefragen 49

Schlafstörungen 23, 31, 109
Schmerzen 42
Schönheitsideale 112
Schuld 13, 16, 76, 79, 80, 81
Schuldgefühle 58, 80, 95
Schuldwahrnehmung 7
Schule 54
Schüler 54
Schußwaffe 75, 77, 83
Schußwaffengebrauch 26, 27, 29, 56, 74, 75, 76, 77, 78, 79, 80, 81, 82, 83
Schutzmechanismus 62
Seelische Belastung 17, 76
Seelsorger 45, 82
Sekundäre Viktimisierung 8
Selbstheilungskräfte 19, 28, 80
Selbsthilfegruppen 29, 107, 108, 113
Selbstwertgefühl 35, 39
Setting 29, 52
Sexualdelikte 59
Sexualstraftat 47, 56, 57, 60, 61, 62, 63, 64, 65
Sexuelle Belästigung 88
Skandalisierungscharakter 13
Spezialeinheit 26
Spezialeinsatzkommando 56
Spurensicherung 49, 60, 76
Störer 36
Straftäter 46, 47, 75
Strafverfolgungszwang 60
Streß 11, 12, 13, 14, 15, 45, 46, 76, 78, 79
Streßgeschehen 11, 12, 14, 15
Streßmanagement 29
Stressoren 12, 13, 14, 15
Streßpegel 36
Streßreaktionen 14, 15, 56
Streßtoleranz 11, 13
Stufenschema 104, 105

Substanzabhängigkeit 92, 93
Substanzmißbrauch 93
Sucht 92, 111, 112
Suchtkrankenhelfer 105, 108, 113
Suchtkrankenhilfe 103, 104, 113
Suchtstoffe 94
Suchtverhalten 100, 103
Supervision 65, 85
Support 19, 20
Symptomatik 24, 27, 29, 31, 33, 41

Tageswohnungseinbruch 48
Täter 26, 50, 52, 58, 61, 63, 64, 65, 75, 79
Tatverdächtige 7, 8, 46, 47
Therapie 28, 29, 92, 96, 103, 104, 107, 108, 109
Tod 15, 16, 18, 23, 24, 66, 68, 69, 70, 75, 85
Todesermittler 66
Todesermittlung 72
Todesnachricht 5, 66, 67, 68, 70, 71
Toleranzentwicklung 92, 93
Trauer 79
Trauma 15, 16, 17, 19, 21, 22, 23, 24, 25, 27, 28, 29, 78, 80
Traumatisierung 16, 22
Träume 23, 24
Trinker-Typen 96

Überforderung 56, 65
Überforderungssituation 30
Unfall 27, 38, 40, 53
Unfallbeteiligte 40
Unfallopfer 38, 39, 40, 41, 43
Unverhältnismäßigkeit 51

Vergewaltigung 62, 63
Verkehrskontrolle 14, 51, 52
Verkehrsteilnehmer 14, 34, 51, 52
Verkehrsunfälle 38, 76
Verletzte 38, 40, 41, 42, 43, 44
Verletzungen 16, 21, 38, 39, 41, 42, 44, 76, 88
Vermeidung 25
Versorgungsansprüche 76
Vertrauen 29, 33, 39, 57, 58, 80, 81, 84
Vietnamkrieg 22
Vor- und Nachbereitung 19, 20

Stichwortverzeichnis

Wach- und Wechseldienst 46, 75
Wahrnehmung 7, 20, 23, 36, 38, 41,
  47, 52, 61, 64, 65, 71, 79, 83, 84, 111
Wiederholungszwang 109
Workshops 46, 47

Zeugnisverweigerungsrecht 58
Zuschauer 42
Zweiter Weltkrieg 16, 21